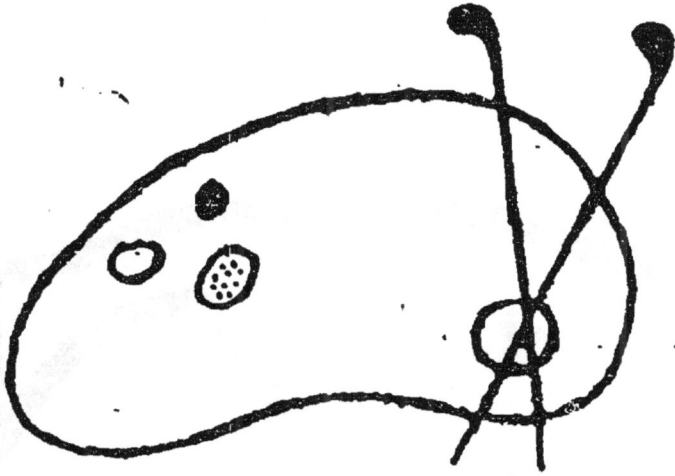

Début d'une série de documents
en couleur

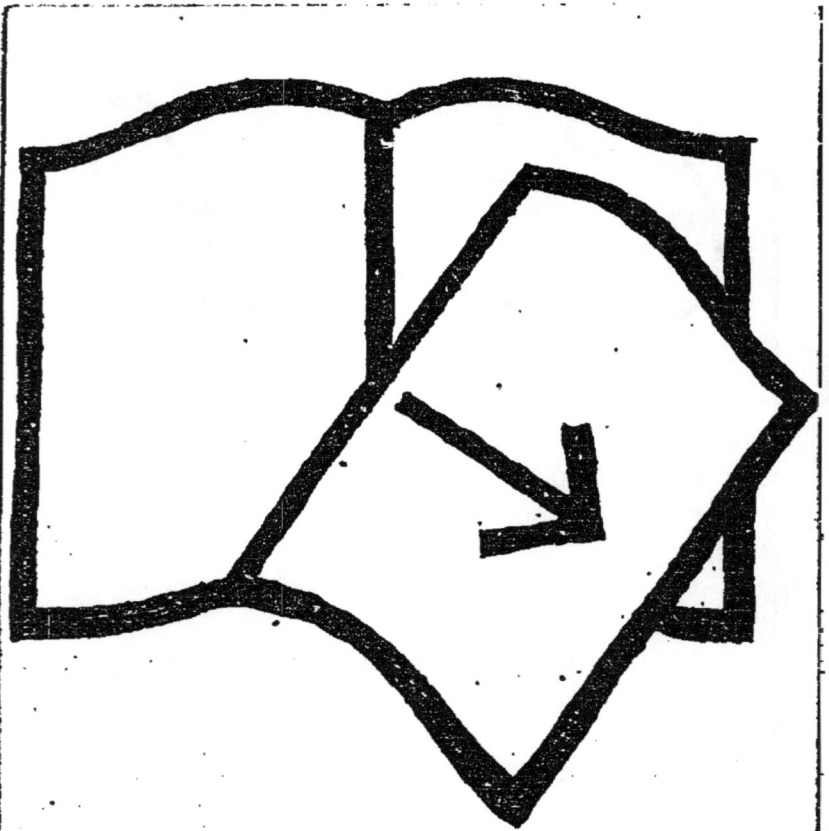

Couverture inférieure manquante.

EUNAPE

VIES
DES
PHILOSOPHES
ET DES
SOPHISTES

TRADUITES EN FRANÇAIS

PAR

L. STÉPHANE DE ROUVILLE

DEUXIÈME ÉDITION

PARIS
ROUQUETTE, PASSAGE CHOISEUL

MDCCCLXXIX

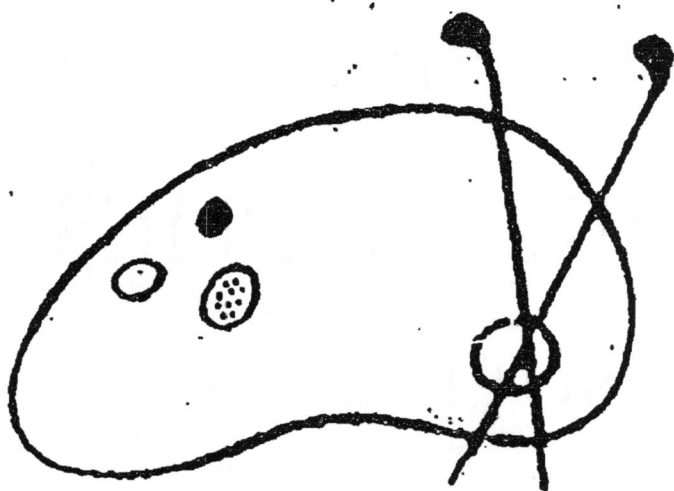

Fin d'une série de documents
en couleur

EUNAPE

Du même traducteur :

ALCIPHRON. *Lettres grecques.* 1 vol. in-16. Paris, Rouquette, 1876. 6e édition.

CASSIODORE. *De l'âme.* 1 volume in-16. Paris, Rouquette, 1875. 6e édition.

PHILOSTRATE. *Lettres galantes.* 1 volume in-16. Paris, Rouquette, 1877. 5e édition.

CHUTE DE LA RÉPUBLIQUE ROMAINE. *Fragments d'histoire.* 1 volume in-12. Paris, Rouquette, 1870.

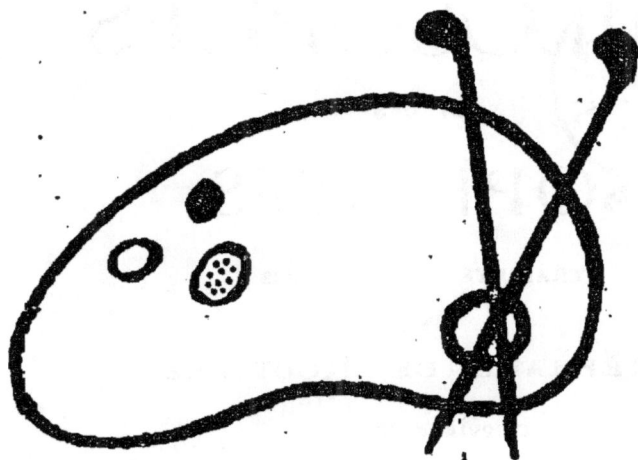

Original en couleur

NF Z 43-120-8

EUNAPE

VIES

DES

PHILOSOPHES

ET DES

SOPHISTES

TRADUITES EN FRANÇAIS

par

STÉPHANE DE ROUVILLE

CINQUIÈME ÉDITION

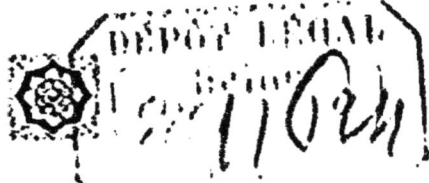

PARIS

ROUQUETTE, PASSAGE CHOISEUL.

MDCCCLXXIX

PRÉFACE

~~~~~

APRÈS la savante *Étude de M. Cousin**
sur l'œuvre dont nous offrons ici la
traduction, nous ne dirons rien d'Eu-
nape. Nous rappellerons seulement au lecteur
que cet auteur grec, qui n'était point chrétien,
vivait au IVe siècle de notre ère, et qu'on
le considère généralement comme l'historien
de l'École d'Alexandrie. Malgré ses lacunes
et surtout sa partialité, son livre n'en est
pas moins d'une grande importance pour
l'éclectisme et la philosophie de cette époque.

* *Fragments philosophiques.*

Il peut aussi, en quelque sorte, servir de suite à l'ouvrage de Diogène de Laërte *, qui s'arrête à Epicure. Nous avons donc cru utile de le publier.

* Vies et doctrines des philosophes de l'antiquité.

EUNAPE

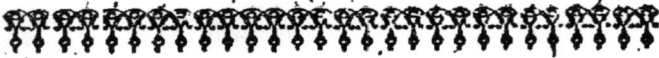

EUNAPE

VIES DES PHILOSOPHES

ET

DES SOPHISTES

INTRODUCTION

L E sage Xénophon est le seul homme, parmi tous les philosophes, qui ait manifesté sa doctrine aussi bien dans ses actes que dans ses écrits. En effet, si d'un côté, ses traités et ses ouvrages ont eu pour objets la morale et la vertu; de l'autre, il s'est placé au premier rang par ses exploits, au point que son exemple a produit des généraux remar-

quables. Et certes, si Xénophon * n'eût pas
existé, Alexandre n'aurait pas été surnommé
le *Grand*.

Le même philosophe est d'avis que l'on doit
rapporter jusqu'aux moindres faits des grands
hommes. Pour moi, ce ne sont pas leurs actions
secondaires, mais leurs travaux les plus impor-
tants que j'ai dessein de faire connaître. Car,
si l'on juge digne de mémoire les enfantillages
mêmes de la vertu, il serait vraiment impie de
passer sous silence ses plus sérieux efforts.

Le présent livre s'adresse donc à ceux qui
voudront bien le lire, non comme un traité
complet embrassant l'ensemble du sujet, —
car il était impossible de recueillir minutieusement tous les détails, — ni comme une œuvre
critique, distinguant les uns des autres les
meilleurs philosophes et les rhéteurs les plus

---

* On sait que cet auteur fut à la fois général, philosophe et
historien.

recommandables : c'est simplement un exposé de ce qui fut habituel à chacun d'eux.

Quant à décider à qui appartient la première place, parmi ceux dont il est question dans ce recueil, le soin en est laissé à qui voudra le faire, d'après les données qu'il y trouvera : telle est, du moins, l'intention de l'auteur.

Celui-ci a mis la main sur des documents réputés exacts; grâce à eux, s'il s'écarte de la vérité, il pourra ou rejeter la faute sur autrui, comme fait le bon disciple qui est tombé sur de mauvais maîtres, ou bien accuser à son tour avec juste raison, en s'appuyant sur des autorités dignes de respect et en présentant un travail net et irréprochable, comme celui d'un écrivain qui a pris pour guides ceux qu'il devait prendre.

Du reste, pour ne rien dire de plus, ceux qui ont traité ce sujet sont rares, il n'en existe même qu'un très petit nombre; le lecteur ne

saurait donc être privé ni de ce qui a été écrit
par les auteurs précédents, ni de ce qu'a fourni
jusqu'aujourd'hui la tradition orale.

Aussi, une part convenable sera-t-elle faite
à ces deux sources d'informations; et, de cette
manière, les renseignements déjà écrits con-
serveront toute leur autorité, tandis que les
traditions orales, toujours ébranlées et trans-
formées par l'effet du temps, seront coordon-
nées et confirmées par l'écriture qui leur
assurera la stabilité et la durée.

CHAPITRE PREMIER

De ceux qui ont recueilli l'histoire de la philosophie.

'HISTOIRE de la philosophie et les vies des philosophes ont été recueillies par Porphyre et Sotion[1]. Mais le premier a cru devoir s'arrêter à Platon et à son époque. Quant au second, il est allé plus loin, bien qu'il soit antérieur à Porphyre. Cependant, l'histoire des philosophes et des sophistes, dont la vie a rempli l'intervalle, manquait du développement exigé par la grandeur et la variété du sujet. Il y a aussi Philostrate de Lemnos[2], qui

---

1. Diogène de Laërte, qui vivait au deuxième siècle de notre ère, parle souvent de son livre comme d'un ouvrage considérable. Il avait pour titre : *Succession des Philosophes*. Malheureusement, il n'existe plus.

2. Auteur de la *Vie d'Apollonius*, des *Tableaux* et des *Lettres galantes*. Nous avons encore ses *Vies des Sophistes*, dont Eunape fait mention ici.

a esquissé, en courant et avec une forme assez
agréable, les vies des meilleurs sophistes. Mais,
en général, personne n'a écrit avec exactitude
sur le compte des philosophes.

Parmi eux, je citerai l'Egyptien Ammonius[5],
le précepteur du divin Plutarque; Plutarque
lui-même, le charme et la grâce de toute philosophie; Euphrate d'Egypte[4], Dion de Bithynie[5], surnommé Chrysostome, c'est-à-dire
Bouche d'Or; Apollonius de Tyane[6], qui n'est
déjà plus un philosophe, mais qui tient en
quelque sorte le milieu entre les Dieux et les
mortels. Car, disciple de la doctrine pythago-
ricienne, il en accrut encore la force et le
divin caractère. Philostrate de Lemnos a écrit
sur lui un livre complet qu'il a intitulé : *Vie*

3. On connaît bien sous ce nom Ammonius Saccas, le fondateur de l'*éclectisme*, qui eût pour disciples Plotin, Longin et
Origène; mais il vivait à Alexandrie vers la fin du deuxième
siècle de Jésus-Christ.

4. Philosophe stoïcien, du temps de l'empereur Adrien. Pline-
le-Jeune le connut et se lia intimement avec lui. Il fait de ses
vertus et de ses talents un éloge pompeux dans sa lettre à Atrius
Clémens.

5. Dion Chrysostome était un rhéteur grec, natif de Pruse en
Bithynie. Il florissait à Rome à l'époque de Néron et de ses successeurs. Il conseilla à Vespasien de rétablir la République.

6. Parmi les modernes, M. Chassang a donné une excellente
traduction de la *Vie d'Apollonius de Tyane* par Philostrate.

d'Apollonius, et qu'il eût mieux fait d'appeler :
Séjour d'un dieu parmi les hommes.

. Carnéade [7] appartient également à cette
époque : ce n'est pas un des moins célèbres
parmi les Cyniques, si l'on doit tenir quelque
compte de cette secte. Parmi ses représentants,
il y avait Musonius, Démétrius, Ménippe [8], et
d'autres en plus grand nombre ; mais ceux-ci
étaient les plus illustres.

De tous ces grands hommes, on ne saurait
trouver de biographies certaines et exactes,
puisque personne n'en a fait, que je sache.
Leurs ouvrages, toutefois, ont suffi et suffisent
encore à en tenir lieu ; car ils sont remplis
d'une telle érudition et d'une telle science
d'observation, — pour ce qui regarde la morale
et la vertu ainsi que les diverses catégories de
la nature des choses, — qu'ils dissipent comme

---

7. Il ne faut pas confondre ce personnage avec le philosophe
du même nom, fondateur de la troisième Académie, qui naquit
à Cyrène en 215 avant l'ère vulgaire, et vécut 90 ans à
Athènes.

8. Ménippe, immortalisé par Lucien, avait composé treize livres
de satires en prose mélée de vers, qui ne sont pas arrivés jusqu'à nous. On a donné par analogie le nom de *Satire Ménippée*
au pamphlet fameux, qui parut en France vers la fin du
seizième siècle.

un brouillard l'ignorance de ceux qui peuvent
en faire leur étude.

Le divin Plutarque, lui, a semé de côté et
d'autre, dans ses livres, des données sur sa
propre vie et sur celle de son maître; il a
mentionné également la mort d'Ammonius à
Athènes; mais il n'a pas réuni ces renseignements épars en une biographie. Cependant, le
plus beau de ses ouvrages est le recueil désigné
sous le titre de *Vies parallèles des hommes
illustres*. S'il s'est borné à disséminer, dans
chacun de ses livres, ce qui le concerne particulièrement et ce qui a rapport à son maître,
c'est qu'il a voulu que le lecteur en cherchant
avec soin, en suivant la trace de tout ce qu'il
rencontrerait, en recueillant avec précaution
les moindres parcelles de documents, pût se
rendre compte de la plupart des actes de la
vie de l'un et de l'autre.

Lucien de Samosate[9], cet auteur qui tra-
vaillait avec tant de sérieux à exciter le rire,
a écrit la vie de Démonax[10], un philosophe de

9. Lucien vécut de l'an 120 à l'an 200 environ de notre ère. Il
a mérité d'être appelé par les modernes le *Voltaire des anciens*.
10. Sophiste grec, né dans l'île de Chypre, florissait à Athènes

son temps : c'est un des sujets qu'il a traités gravement, et il n'en existe guère beaucoup de lui.

Je rappelle ces différents travaux, tout en sachant bien que, dans la quantité, il y en a quelques-uns qui peut-être nous ont échappé, mais qu'il en est aussi d'autres qui n'ont pu se soustraire à nos investigations.

Après avoir appliqué le plus grand soin et la plus scrupuleuse attention à constituer une histoire suivie et exactement déterminée des hommes, qui se sont illustrés dans la philosophie et dans l'art oratoire, j'en suis à chercher encore la satisfaction de mes désirs, et j'éprouve quelque chose de pareil à ce que ressentent les amoureux brûlant d'une flamme insensée. Ceux-ci, en effet, lorsqu'ils voient leur bien-aimée et que sa délicieuse beauté leur apparaît, baissent les yeux, ne pouvant soutenir l'éclat de ce qu'ils avaient tant désiré et comme inondés de sa lumière. Mais, s'ils

vers la première moitié du deuxième siècle de Jésus-Christ. Lucien le connut et écrivit sa vie. Démonax avait été le disciple d'Epictète et de Démétrius-le-Cynique. Il avait plus de 100 ans, lorsqu'il se laissa mourir de faim.

aperçoivent son brodequin, son bandeau, ou une de ses boucles d'oreilles, moins intimidés par l'aspect de ces objets, ils se laissent aller à toute leur passion et se consument dans cette contemplation : il leur est plus facile alors de supporter la vue de ces symboles de la beauté que celle de la beauté elle-même, et ils s'en contentent.

C'est avec le même enthousiasme que je me suis jeté dans le genre d'écrits que je présente ici, pour que le silence et l'envie n'obscurcissent point tout ce que j'ai appris, soit par la tradition, soit par la lecture, soit par le récit de mes contemporains. En agissant ainsi, j'ai élevé autant qu'il m'a été possible, sinon un temple à la Vérité, au moins un vestibule, afin de la transmettre à ceux qui, plus tard, voudront la connaître ou se sentiront la force de suivre le chemin de la Vertu.

L'enchaînement des siècles a subi une sorte de rupture et de solution de continuité, en raison des malheurs publics. Aussi, la troisième génération des philosophes n'a-t-elle paru qu'au temps de Claude et de Néron : la seconde, qui remplit le monde de sa célébrité,

étant celle qui vint après Platon [11]. Quant
à ces malheureux Empereurs, qui, tous ensemble, occupent à peine l'espace d'une année,
ce serait faire un vain étalage de zèle que de
les compter : ce sont les Galba, les Vitellius,
les Othon; mais, après ceux-là, Vespasien,
Titus et leurs successeurs arrivèrent à l'empire.

A prendre donc les choses en bloc, rapidement et d'une manière sommaire, on peut dire
que l'époque des plus grands philosophes s'é-
tend jusqu'à Sévère [12]. Certes, il est heureux
pour les rois, et l'histoire le démontre bien,
que les moments où la vertu domine soient
aussi ceux où la fortune est le plus favorable.

Mais c'est assez; et personne ne trouvera
mauvais, nous osons l'espérer, que nous ayons
disposé les temps, de façon à pouvoir en tirer
les meilleures inductions et à donner à notre
travail un point de départ convenable.

11. L'*Homère de la philosophie*. Il mourut en 348 avant
Jésus-Christ, à l'âge de 82 ans.

12. Ce prince, qui mourut en 211 de notre ère, protégea les
sciences et les lettres pendant toute la durée de son règne.

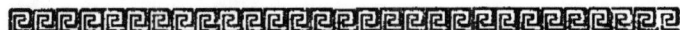

CHAPITRE II

PLOTIN

L
E philosophe Plotin était Égyptien. A ce renseignement, j'ajouterai le nom de sa ville natale, qui fut Lycopolis [1]. Il est étonnant que le divin philosophe Porphyre n'ait point consigné ce fait, lui qui affirme avoir été son disciple et avoir passé avec lui la totalité ou du moins la majeure partie de son existence.

Les autels de Plotin fument encore, et ses livres [2], préférés à ceux des Platoniciens, sont

---

1. Aujourd'hui Syout, sur la rive gauche du Nil. Elle était le chef-lieu du nome Lycopolite. On y honorait particulièrement le chacal ou le loup, de là le nom de Lycopolis, *Ville des Loups*.

2. L'antiquité nous les a heureusement conservés. Toutes ses œuvres, rassemblées et publiées par Porphyre sous le titre général

entre les mains non-seulement des savants, mais de la foule elle-même qui, pour peu qu'elle goûte à cet enseignement, s'empresse d'y conformer sa conduite.

Porphyre a raconté sa vie avec de tels détails qu'il serait impossible d'y rien ajouter[5]. Il paraît même avoir commenté plusieurs de ses ouvrages.

Mais personne, que je sache, n'a encore écrit la vie de Porphyre lui-même.

Voici, pour moi, ce que j'ai appris, à cet égard, par les documents que m'ont fourni mes lectures.

d'Ennéades, ont été traduites par M. Bouillet en 3 volumes in-8° Paris, 1857.

2. La *Vie de Plotin*, dont parle Eunape, a été publiée par M. Zevort à la suite de sa traduction de Diogène de Laërte. 3 volumes. Charpentier, 1847.

CHAPITRE III

PORPHYRE

ORPHYRE éut pour patrie la ville de Tyr, la première des cités de l'antique Phénicie, et ses ancêtres ne furent point dépourvus d'illustration. Il reçut une éducation, en rapport avec la condition de sa famille ; et il obtint des progrès si rapides, il y mit tellement du sien, qu'étant devenu le disciple de Longin [1], il fit, en très peu de temps, le plus grand honneur à son maître.

Longin, à cette époque, était une sorte de bibliothèque vivante et de musée ambulant, et

1. Favori de la reine de Palmyre, Zénobie, et auteur contesté du *Traité du Sublime* qu'a traduit Boileau. Quelques témoignages attribuent la paternité de cette œuvre à Denys d'Halycarnasse.

l'on s'en remettait à lui du soin de juger les anciens. Plusieurs autres, avant lui, avaient exercé une pareille autorité de critique; mais le plus célèbre de tous avait été Denys de Carie.

Porphyre s'était d'abord appelé, dans la capitale de la Syrie, Malchus, ce qui veut dire *roi*[2]. Longin le nomma ensuite Porphyre, empruntant cette dénomination au vêtement qui est le signe extérieur de la royauté[3].

Porphyre fut initié par Longin aux plus hautes études et s'éleva, comme lui, au sommet des connaissances humaines, pour tout ce qui touche à la grammaire et à la rhétorique. Toutefois, il ne se contenta pas de cela et pénétra jusqu'aux plus profonds arcanes de la philosophie.

Quant à Longin, il fut de beaucoup le premier de ses contemporains; il circule de lui de nombreux ouvrages[4], qui, tous, excitent une juste admiration. Si l'on hasardait une critique

2. *Melek*, en arabe, signifie *roi*.
3. πορφύρα, pourpre.
4. Ils ne sont pas parvenus jusqu'à nous.

contre quelque auteur ancien, cette opinion
n'arrivait à prévaloir que si elle était pleine-
ment confirmée par le jugement de Longin.

C'est ainsi qu'avait été conduite la première
éducation de Porphyre; et, déjà, il attirait sur
lui les regards de tous. Alors, il eut le désir
d'aller à Rome, et de captiver par l'ascendant
de sa science l'attention de la grande ville. Dès
qu'il y fut arrivé, et qu'il se fut fait admettre
dans la familiarité de l'illustre Plotin, il laissa
de côté tous les autres et s'attacha uniquement
à lui. Se gorgeant, comme il le dit lui-même,
de savoir sans parvenir à s'en rassasier et dé-
vorant les paroles du maître qui semblaient
couler d'une source divine, il put, durant un
certain temps, supporter cet enseignement.
Mais, ensuite, vaincu par la grandeur d'une
telle doctrine, il prit en haine l'enveloppe
charnelle de l'homme et l'humanité.

Il fit bientôt voile pour la Sicile, traversa le
détroit, tout près de Charybde, là où la tradition place le passage d'Ulysse, et il ne lui fut
plus possible de soutenir la vue d'une ville, ni
d'entendre la voix des mortels. Il se désinté-
ressa ainsi de toute espèce de douleur et de

plaisir. Puis, s'étant rendu à Lilybée [5], l'un des trois promontoires de la Sicile et celui qui regarde l'Afrique, il demeura là, gémissant et se macérant, sans prendre même de nourriture, et fuyant l'approche de ses semblables.

La surveillance du grand Plotin ne fut pas en défaut dans cette occasion : il se mit à chercher le jeune fugitif, suivit ses traces, et le trouva dans cet état de mélancolie contemplative; il n'épargna pas les paroles les plus propres à retenir cette âme sur le point de prendre son vol hors du corps, et rendit enfin à celui-ci les forces nécessaires pour le rattacher à la vie. Porphyre, rappelé à l'existence, se releva et consigna plus tard, dans le recueil de ses œuvres, les paroles qui lui furent dites alors.

Les philosophes, ordinairement, ont coutume d'envelopper d'obscurité leurs secrets, comme les poëtes cachent les leurs, sous le voile des mythes; Porphyre, lui, grand partisan du remède de la clarté dont il avait fait

5. Aujourd'hui *Boeo*. L'antique ville de Lilybée est devenue Marsala, célèbre par son vin.

l'essai, vulgarisa la doctrine dans le commentaire qu'il en écrivit. De retour à Rome, il s'attacha à l'étude de l'éloquence et se produisit en public, dans le but d'exposer ses principes.

Au forum et dans la foule, on rapportait à Plotin toute la gloire de Porphyre.

Mais, si Plotin, par l'essence divine de son âme, par le caractère obscur et un peu énigmatique de ses discours, en imposait à la multitude, celle-ci le comprenait difficilement. Porphyre, au contraire, pareil à une chaîne d'Hermès [6] rattachant les hommes au ciel, expliquait tout, grâce à la variété de ses connaissances, avec clarté, et de façon à se faire entendre admirablement. On peut en juger, quand il raconte, dans un écrit, qui vraisemblablement date de sa jeunesse, qu'il reçut un oracle tout à fait au-dessus de la portée du vulgaire; il le transcrit dans ce même ouvrage, et il se donne beaucoup de peine pour

6. C'est le nom grec de Mercure. *Hermès* était le dieu de l'éloquence, et on le représentait sous les traits d'un homme de la bouche duquel sortaient de petites chaînes, qui aboutissaient aux oreilles de ses auditeurs.

démontrer avec quel soin l'on doit aborder
un sujet semblable. Il ajoute même, à ce
propos, qu'il fit sortir et chassa du bain un
démon, que les gens du pays appelaient
Çausathan.

Ses condisciples les plus remarquables furent,
toujours d'après son autorité, Origène [7], Amérius [8] et Aquilinus, dont on a conservé les
écrits; mais ces ouvrages ne jouissent guère
de beaucoup d'estime, parce qu'ils sont tota-
lement dépourvus de grâces; toutefois, la doctrine en est bonne et ne manque pas de
développements. Porphyre, d'ailleurs, accorde
des éloges à ces écrivains pour leur habileté;
et, certes, il ne pouvait y avoir de meilleur
juge que lui des charmes du style, puisqu'il les
possédait au plus haut degré.

A lui seul, il fit donc paraître toute la gloire
de son maître et en devint comme le héraut,
car il ne laissa aucune partie de la science
sans l'aborder. Il y a certainement lieu d'être

7. Il ne faut pas confondre cet Origène avec le célèbre docteur
de l'Eglise qui porte le même nom.

8. Il existe une lettre de l'empereur Julien à un certain
Amérius qu'il traite de savant. C'est peut-être lui.

frappé d'admiration et de se demander de quel
côté il se porta avec le plus de talent : si ce
fut vers les matières qui constituent l'art oratoire, ou vers les règles minutieuses de la
grammaire, s'il s'adonna de préférence à tout
ce qui dépend des nombres, ou à la géométrie,
ou à la musique. Quant à sa philosophie, elle
n'est pas accessible à la raison humaine, et on
ne saurait en exprimer les principes dans le
langage ordinaire. Laissons alors tout ce qui
tient à la physique et à la théurgie dans le
domaine des initiations ou des mystères. Et
disons que cet homme fut comme un composé
et un résumé de toutes les vertus; à ce point
qu'on ne sait vraiment, en y regardant de très
près, ce que l'on doit louer le plus en lui, de
la beauté de son élocution, de la pureté de
son enseignement, ou de la force de sa dialectique.

On est fondé à croire qu'il se maria; on
possède, en effet, un livre adressé à sa femme
Marcella [9] qu'il épousa, dit-il lui-même, alors
qu'elle était mère de cinq enfants, non point

9. Ce petit ouvrage a été retrouvé et publié en 1816 à Milan.

dans l'intention d'en avoir d'autres, mais pour
faire l'éducation de ceux qui existaient déjà;
car Marcella était la veuve d'un de ses amis à
qui ces enfants devaient le jour. »

Porphyre semble être parvenu à une vieillesse avancée; aussi, rencontre-t-on, dans
plusieurs de ses ouvrages [10], des théories op-
posées à celles qui se trouvent déduites dans
ses premières productions; tout ce qu'on peut
inférer de là, c'est que le progrès de l'âge
l'amena à modifier ses sentiments.

Il passa, dit-on, son existence à Rome. A
cette époque, les maîtres de l'éloquence d'A-
thènes étaient Paulus [11] et le Syrien Andro-
machus. La vie de Porphyre se prolongea
jusqu'aux temps de Gallien et de Claude, de
Tacite, d'Aurélien et de Probus [12].

C'est sous ces princes que vécut aussi

10. Une grande partie de ses œuvres a été perdue. En dehors
de la *Vie de Plotin*, il nous reste encore la *Vie de Pythagore*,
l'*Antre des Nymphes*, l'*Introduction aux Catégories d'Aristote*, les *Principes des Intelligibles*, une *Lettre à Anébon* et
le *Traité de l'Abstinence des Viandes*.

11. Il s'agit ici du jurisconsulte Julius Paulus, qui succéda à
Ulpien, comme préfet du prétoire.

12. Ce n'est qu'en 282 que périt Probus, égorgé par ses soldats.
Porphyre passe cependant pour avoir vécu jusqu'en l'an 304

Dexippe [13], auteur d'une *Histoire* en forme de chronique, homme doué d'un mérite supérieur dans toutes les branches de la science, et d'une puissante faculté de raisonnement.

13. Historien grec, né en Attique, et qui mourut vers l'année 280. Il défendit son pays contre l'invasion des Hérules, qui s'étaient emparé d'Athènes, et les chassa après leur avoir tué trois mille hommes.

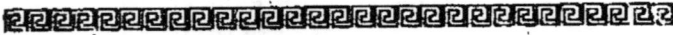

CHAPITRE IV

JAMBLIQUE

PRÈS Porphyre et Plotin, le plus renommé entre les philosophes est Jamblique, qui était d'une naissance illustre et dont les ancêtres avaient été puissants et riches. Sa patrie fut Chalcis [1], ville de la Cœlé-Syrie [2].

Il s'attacha d'abord à Anatolius, dont la place est marquée immédiatement après Porphyre; il fit dès lors de si grands progrès, qu'il parvint bientôt au sommet de la philosophie. Ensuite, il quitta Anatolius pour suivre Por-

---

1. Moins célèbre que la Chalcis d'Eubée, la Chalcis de Syrie était située au sud-ouest d'Antioche, et le territoire qui l'entourait portait le nom de Chalcidique.

2. C'est-à-dire *Syrie-Creuse.*

phyre, à qui il ne fut certes inférieur en rien, si ce n'est pour l'arrangement des mots et la puissance du style. Ses discours, en effet, ne sont imprégnés ni du charme ni de la grâce qu'on rencontre chez Porphyre. Ils ne brillent ni par la transparence ni par la pureté. Cependant, ils ne sont pas tout à fait obscurs, et les fautes de langage n'y sont point générales. Mais, comme le disait Platon en parlant de Xénocrate [5], Jamblique n'a pas sacrifié aux Grâces, chéries de Mercure. Aussi, loin de s'emparer de son lecteur et de l'inviter à lire ses écrits, semble-t-il le repousser et lui écorcher les oreilles.

Il pratiqua la justice, et, pour cela, sut se concilier la bienveillance des dieux, à tel point que ses disciples formaient une véritable multitude et que, de toutes parts, on accourait vers lui dans le désir de s'instruire.

Il est bien difficile de juger ce qu'il y eut de mieux dans cette foule. On peut distinguer

5. Un des disciples les plus assidus de Platon; né à Chalcédoine vers l'an 403 avant l'ère vulgaire. Il succéda à Speusippe dans la direction de l'Académie, et essaya de concilier le *platonisme* avec le *pythagorisme*. Ses ouvrages sont perdus.)

cependant le Syrien Sopater, qui se montra
fort habile à parler et à écrire; Édésius et
Eustathe de Cappadoce, les Grecs Théodore et
Euphrasius, qui, eux, excellèrent dans la vertu.
Il y en eut encore une grande quantité d'autres,
qui ne furent guère beaucoup au-dessous de
ceux-là dans l'art de bien dire; aussi, on s'é-
tonne que le maître ait pu suffire à tant de
disciples; il est vrai qu'il se prodiguait entièrement à eux.

En effet, il faisait peu de choses par lui-
même, en dehors de ses compagnons et de ses
élèves; de plus, il avait une profonde vénération pour la Divinité. Il passait la plus grande
partie de son temps dans la société de ses amis,
et sa vie était frugale et antique. Mais la conversation qu'il tenait à table charmait si bien
ses convives, qu'il semblait les abreuver de
nectar.

Les disciples, se trouvant sans cesse avec le
maître, jouissaient de sa vue sans pouvoir jamais s'en rassasier; ils l'importunaient conti-
nuellement; et, faisant porter la parole par les
principaux d'entre eux, ils lui disaient:

« Pourquoi donc, ô divin maître, gardes-tu

» pour toi certains secrets, et ne nous fais-tu
» pas participer à toute la perfection de ta
» sagesse? Le bruit est venu jusqu'à nous,
» par ces esclaves, qu'en priant les dieux tu
» parais t'élever du sol à plus de dix coudées,
» et que ton corps ainsi que ton vêtement
» prennent une belle couleur d'or. Puis, quand
» tu as cessé de prier, ton corps redevient
» ce qu'il était avant, et, redescendant sur
» terre, tu reprends alors tes entretiens avec
» nous. »

Quoique peu rieur, Jamblique ne put s'empêcher de rire à ces paroles.

« Celui qui vous a trompés, leur dit-il, ne
» manquait point d'esprit. Car, en vérité, il
» n'en est pas ainsi. Mais, à l'avenir, rien ne
» sera fait en dehors de vous. »

C'est ce qui eut lieu, en effet; et celui qui
écrit ces lignes le tient de son maître, Chrysanthe de Sardes.

Celui-ci fut le disciple d'Edésius qui, lui-
même, avait été au nombre des premiers auditeurs de Jamblique et l'un de ceux qui lui
parlèrent, comme il vient d'être rapporté.
Edésius, à ce propos, disait que c'était là,

évidemment, de grandes preuves de la divinité de Jamblique.

Une autre fois, le soleil paraissait vers les limites de la constellation du *Lion*, lorsque celle-ci se lève en compagnie du signe céleste appelé *le Chien*. C'était le temps du sacrifice. On l'avait préparé dans une des propriétés suburbaines du maître. Tout s'était bien passé, et la petite troupe s'en retournait vers la ville lentement et à loisir, en causant; car il s'était élevé une discussion sur les dieux, tout à fait en harmonie avec le sacrifice qu'on venait de célébrer. Au milieu du discours, Jamblique eut subitement l'esprit distrait; la voix lui manqua, ses yeux demeurèrent fixés sur le sol; et, après un certain temps, les relevant sur ses compagnons, il leur cria :

« Prenons une autre route, car on vient » d'apporter là un cadavre. »

Ayant ainsi parlé, il alla par un chemin qui paraissait plus net. Il fut suivi par quelques-uns de ses disciples, à qui il sembla honteux d'abandonner leur maître. Mais la plupart, et les plus obstinés de ses compagnons, parmi lesquels se trouvait Edésius, restèrent où ils étaient, attri-

buant la chose à quelque jonglerie, et cherchant
la preuve, comme des chiens qui flairent une
piste.

Quelques moments après, apparurent ceux
qui venaient d'ensevelir le mort. Mais cela ne
suffit point à nos incrédules, et ils demandèrent
à ces gens-là s'ils étaient passés par cette route.

« Il le fallait bien, répondirent-ils, puisqu'il
» n'y en a pas d'autre. »

Ils furent bientôt en état de rendre témoignage d'un fait plus divin que celui-là. Car,
à ce sujet, ils importunaient souvent le philosophe, en disant que le prodige auquel ils
avaient assisté était trop peu de chose; qu'il
pouvait, à la rigueur, provenir d'une finesse
d'odorat toute particulière, et qu'ils voulaient
maintenant faire l'épreuve de quelque merveille
plus grande.

« Cela ne dépend pas de moi, leur dit-il; il
» faut que l'occasion se présente. »

Quelque temps après, ils se rendirent tous
à Gadara [1]. Ce sont des bains chauds de Syrie :

1. Ville importante de la Palestine, et habitée autrefois par la
tribu de Manassé.

cette station thermale est la seconde en importance après celle de Baies[5], sur le territoire de
l'Empire romain, et on ne peut lui en comparer
aucune autre. C'est, d'ailleurs, à Gadara qu'on
va passer l'été.

Jamblique était donc en train de se baigner
là, et ses compagnons en faisaient autant. Ils
revinrent à la charge au sujet des prodiges.
Jamblique se mit à sourire.

« Ces révélations, dit-il, ne sont guère con-
» formes aux devoirs de la piété ; cepen-
» dant, pour vous faire plaisir, je passerai là-
» dessus. »

Il y avait deux sources chaudes, moins
importantes que les autres, mais d'un aspect beaucoup plus gracieux. Le maître com-
manda alors à ses disciples de s'informer,
auprès des gens du pays, du nom que l'on
donnait de temps immémorial à ces deux fontaines.

Lorsqu'ils eurent obéi : « Vous n'avez plus,
» dirent-ils, aucun prétexte à mettre en avant ;

5. Ville fameuse dans l'antiquité. Elle était située sur le bord
de la mer, à quelques lieues de Naples. Les riches Romains en
faisaient leur séjour favori pendant l'arrière-saison.

» l'une de ces sources s'appelle *Eros* [6], et la
» voisine, Antéros [7]. »

Jamblique, qui se trouvait assis sur le bord
d'une des fontaines, à l'endroit où l'eau commence à se déverser, effleura l'onde de la main,
et, murmurant quelques paroles, fit sortir
aussitôt du fond de la source un petit enfant.
Il était blanc, d'une taille bien proportionnée ;
et sa chevelure, aux reflets dorés, couvrait de
son rayonnement son dos et sa poitrine. On
aurait juré qu'il se baignait là ou qu'il venait
de s'y baigner.

Les disciples étaient frappés d'étonnement.

« Allons à l'autre fontaine », dit Jamblique ;
et, se levant, il marcha devant eux, plongé
dans la méditation.

Arrivé près de la source, il refit ce qu'il avait
fait près de la première, et en tira un autre
Amour, entièrement semblable au précédent,
si ce n'est que ses cheveux, qui flottaient aussi
sur son cou, étaient noirs et comme brûlés par
le soleil. Les deux enfants se mirent à entourer

6. Le nom grec de l'*Amour*.

7. Nom du frère d'Eros. On l'invoquait comme Dieu de l'Amour
réciproque.

Jamblique de leurs bras et s'attachèrent à lui, comme s'il eût été véritablement leur père. Celui-ci, les ayant remis chacun dans la source d'où il avait été tiré, sortit enfin du bain, au milieu des marques de vénération de ses disciples, qui, dès lors, cessèrent de vouloir rien approfondir ; entraînés par tout ce qu'ils voyaient, comme par des attaches mystérieuses, ils crurent tout aveuglément.

On colportait sur lui bien d'autres histoires plus incroyables encore et plus merveilleuses ; mais je n'ai voulu en consigner aucune ici, persuadé qu'il est dangereux et même impie d'introduire des récits altérés et sans consistance, dans un ouvrage sérieux et solide. Je ne suis pas même sans quelque inquiétude, relativement à ce que je rapporte ici, puisque je ne parle que par ouï-dire. Toutefois, je ne fais que suivre là le témoignage d'hommes qui, se défiant des autres, ont subi uniquement l'influence de leurs sensations visuelles. Quoi qu'il en soit, aucun des compagnons de Jamblique, à ce que je puis savoir, n'a rien écrit là-dessus ; et, si j'en ai parlé personnellement, c'est avec réserve ; car Édésius a pris soin de

faire remarquer qu'il n'a rien écrit lui-même
à ce sujet, et que nul autre n'a osé le faire.

En même temps que Jamblique, vivait Alypius[8], consommé dans la dialectique. La taille
de ce dernier était tout à fait exiguë et son
corps dépassait à peine la longueur d'une
coudée; aussi, à voir le peu d'apparence de sa
personne, on l'eut pris volontiers pour une
âme, une pure intelligence. Chez lui, la partie
de l'être soumise à la corruption ne s'était
point développée, et la partie la plus semblable
à la Divinité avait presque tout absorbé.

Le grand Platon dit qu'au rebours de ce qui
se passe sur la terre, les corps divins sont
entourés de leurs âmes : Alypius, lui, avait en
quelque sorte pénétré dans la sienne, au point
qu'il semblait contenu et possédé par elle,
comme par une puissance supérieure.

Alypius eut beaucoup de disciples; mais son
enseignement ne dépassait guère les bornes de
la conversation intime : personne n'avait entre
les mains un livre de lui. Aussi, les auditeurs

8. On possède deux lettres de l'empereur Julien à ce personnage, ainsi que plusieurs adressées à Jamblique.

accouraient-ils avec le plus vif empressement
vers Jamblique, comme pour puiser à une
source dont les eaux débordaient et ne se
renfermaient point dans les limites étroites de
leur lit.

La gloire des deux philosophes se répandit
de plus en plus, et il leur arriva, un jour, de
se trouver face à face, comme deux astres, et
d'être entourés d'un concours d'auditeurs tel,
qu'on eût cru voir une vaste académie. Jamblique se tenait sur la réserve, aimant mieux
se laisser interroger que de poser des questions.
Alypius, contre toute attente, ne souleva pas
le moindre sujet de discussion purement philosophique; mais, se mettant à la portée de
l'assemblée, il s'adressa en ces termes à Jamblique :

« Dis-moi, philosophe, le riche est-il, oui
» ou non, injuste, ou héritier de l'injuste? Car
» il n'y a pas de milieu. »

Jamblique ne put supporter le coup qui lui
était porté :

« Cette manière de discuter, dit-il, n'est
» point la nôtre, ô le plus extraordinaire des
» hommes! nous ne nous occupons pas des

» avantages extérieurs que chacun peut pos-
» séder, mais des qualités essentielles de l'âme
» et des vertus qui conviennent au philo-
» sophe. »

Ayant ainsi parlé, il se leva ; et l'assemblée
se dispersa aussitôt.

Jamblique, après cela, étant redevenu maître
de lui-même, admira la pénétration d'Alypius.
Il le vit souvent en particulier, et fut tellement émerveillé de la précision et de la profondeur de son jugement, que, lorsqu'il fut
mort, il se fit l'historien de sa vie[9].

Celui qui écrit ces lignes a eu connaissance
de cette biographie : elle présente une certaine
obscurité de forme et semble couverte d'un
nuage épais ; non que les faits manquent de
clarté, mais on y trouve une longue dissertation
didactique sur Alypius, et il n'y est question
nullement de discussions qui aient vraiment
raison d'être. Le livre parle de voyages à Rome
dont on ne voit point la cause, et la grandeur

9. Nous n'avons point cette *Vie d'Alypius*. Nous ne possédons
de Jamblique que son *Exhortation à la philosophie*, une *Vie
de Pythagore*, un *Livre sur les Mystères des Egyptiens*, et
des fragments de son *Traité sur l'âme*.

d'âme d'Alypius n'en ressort pas suffisamment.. Il constate bien qu'un grand nombre d'hommes ont passé pour être les admirateurs du philosophe, mais il ne signale point les paroles ou les actions d'éclat qui lui ont valu cette admiration.

L'illustre Jamblique paraît être tombé dans la même faute que les peintres qui, faisant les portraits de personnes à la fleur de l'âge, et voulant ajouter à leur œuvre quelque charme tiré de leur imagination, compromettent ainsi toute la ressemblance, et s'écartent également de leur modèle et de la beauté idéale.

De même, Jamblique, dont le but était de louer Alypius, en disant la vérité, s'amuse à nous apprendre quel était de son temps la grandeur des châtiments et des tortures en usage dans les tribunaux; et cela, sans avoir la possibilité ni l'intention de nous faire connaître les causes ou les raisons politiques d'un tel état de choses: aussi, a-t-il confondu tous les traits de la vie d'Alypius. C'est au point que les yeux les plus exercés n'y peuvent découvrir qu'avec peine pourquoi il admire tant ce philosophe, et encore moins pourquoi il vénère d'une ma-

hière si extraordinaire sa constance, son im-
passibilité en présence du danger, la prompti-
tude et la concision de ses réponses.

Alypius, dont nous venons de parler, était
d'Alexandrie; il s'éteignit dans cette ville, à un
âge avancé.

Après lui, mourut Jamblique, à qui l'on
doit, assurément, d'avoir vu se multiplier, pour
ainsi dire, les racines et les sources de la philosophie. L'auteur de cet écrit, lui, a eu le
bonheur de profiter de cet enseignement.

Plus tard, d'autres disciples, précédemment
cités, se sont dispersés sur toute la surface de
l'Empire romain : l'un d'eux fut Edésius, qui
s'établit à Pergame [10] de Mysie.

10. Ville de l'Asie Mineure, célèbre par l'invention du
parchemin (*pergamena charta*) et par sa bibliothèque de
200,000 volumes.

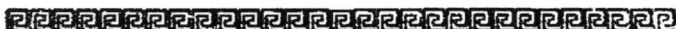

‮𐃵𐃵𐃵‬ (frise décorative)

CHAPITRE V

ÉDÉSIUS

'ÉCOLE de Jamblique et son groupe d'élèves passèrent à Edésius de Cappadoce. L'origine de sa famille était des plus illustres, mais sa fortune ne répondait point à sa naissance; aussi, son père l'avait-il envoyé de Cappadoce en Grèce pour y apprendre quelque état lucratif.

Au retour du jeune homme, le père l'accueillit comme s'il allait trouver en son fils un trésor. Mais, quand il vit qu'il s'était adonné à l'étude de la philosophie, il le chassa de la maison ainsi qu'un être inutile, en le poursuivant de ces paroles :

« A quoi sert la philosophie? »

« — A beaucoup de choses, mon père, » répliqua Edésius, en se prosternant devant lui.

A ces mots, son père le rappela, émerveillé de tant de vertu. Dès lors, Edésius se donna tout entier à l'étude, qu'il avait un moment interrompue. Et le père, plein de joie et d'enthousiasme, reconduisit son fils avec la fierté d'un homme qui aurait engendré un dieu et non un mortel.

Notre philosophe ne tarda pas à laisser derrière lui tous ceux dont le nom était le plus célèbre, à cette époque, et dont il avait été l'auditeur; l'expérience lui fournit un bagage philosophique considérable, et il eut peu de chemin à faire, de Cappadoce en Syrie, pour aller rejoindre l'illustre Jamblique.

Aussitôt qu'il eut vu l'homme et qu'il l'eut entendu parler, il demeura suspendu à ses lèvres, ne pouvant se rassasier de l'écouter. Ce fut au point qu'Edésius finit par n'être pas de beaucoup inférieur à Jamblique, excepté toutefois en ce qui touche à l'inspiration divine, dont ce dernier était véritablement animé.

Nous n'avons, à ce sujet, aucune donnée; il se peut, cependant, qu'Edésius lui-même ait joui de ce privilége sans pouvoir le manifester;

car, à ce moment-là, régnait Constantin[1], qui détruisait les temples les plus fameux de l'univers, et faisait élever des édifices pour le culte des chrétiens. Peut-être donc, le groupe choisi de ses disciples se trouvait-il obligé d'observer un silence plein de mystère et de garder une réserve digne d'un *hiérophante*[2].

En effet, celui qui écrit ces lignes fut, dès l'enfance, l'élève de Chrysanthe; et ce fut seulement vers sa vingtième année qu'on le jugea en état de participer à l'enseignement de vérités plus hautes, tant on a persisté, jusqu'à notre époque, à considérer la philosophie de Jamblique comme une grande chose.

Lorsque le maître eut dépouillé l'enveloppe mortelle, ses disciples se dispersèrent de différents côtés; mais on peut dire qu'aucun d'eux ne demeura privé de renommée, ni ne resta inconnu.

1. Il est question ici de Constantin Ier, celui qu'on a surnommé *le Grand*. Il naquit dans la Dardanie en 274 et fut proclamé César en 306. Vainqueur de Maxence, il embrassa le christianisme en 312 et en fit la religion de l'Empire par un édit publié l'année suivante. Il mourut vers 337. On lui reproche le meurtre de son beau-père, celui de son fils Crispus et de sa femme Fausta.

2. *Celui qui révèle les choses sacrées*. Titre donné aux grands pontifes de Cérès, et particulièrement à ceux qui initiaient les aspirants aux mystères d'Eleusis.

Sopater, le plus éloquent de tous, avait trop
d'élévation dans le caractère et trop de grandeur d'âme pour supporter de vivre ainsi parmi
les autres hommes : d'une course rapide, il alla
droit à la cour du prince, comme pour dompter
la jactance et l'entraînement de Constantin et
les soumettre à la raison. Là, il parvint bientôt
à un tel degré de réputation et d'influence, que
l'empereur, séduit par son prestige, le fit asseoir
publiquement à sa droite. On n'avait, certainement, jamais entendu ni vu pareille chose.

Aussi, les courtisans crevaient de jalousie à
l'aspect de cette philosophie, dont l'enseignement s'introduisait sur le tard à la cour; ils
cherchèrent donc l'occasion de faire comme
les Cercopes [3] et de surprendre, non-seulement
Hercule endormi, mais encore cette absurde
Fortune, tout éveillée qu'elle était. Ils tinrent,
alors, des assemblées secrètes; et il n'est pas
de machination perfide dont ils s'abstinrent.

A Athènes, du temps de l'antique et grand
Socrate, aucun citoyen, bien qu'on fût en

3. Peuplade fabuleuse qui habitait, dit-on, en Asie Mineure,
non loin d'Ephèse. Hercule, ayant vaincu les Cercopes, les con-
duisit enchaînés aux pieds d'Omphale.

république, n'eût osé porter une accusation
contre celui que tous les Athéniens considéraient comme la statue vivante de la sagesse;
du moins, il eût fallu pour cela qu'il fût dans
cet état d'ivresse et de folie dont la fête de
Bacchus[1] et les veilles extraordinaires étaient
l'occasion, et qu'il se trouvât ainsi excité au
rire, à l'injure, à ces mouvements licencieux
et pleins de périls, qui ont été imaginés pour
la perte de l'humanité.

Aristophane[5] le premier, voulant provoquer
l'hilarité chez des spectateurs dont l'esprit était
corrompu, introduisit sur la scène des chants
destinés à régler le pas des danseurs, et réussit
à enlever tous les suffrages du théâtre par son
audace; car, à côté d'un personnage dont la
sagesse était si grande, il ne craignit pas de

---

1. C'était aux grandes *Dionysiaques* ou fêtes de Dionysios (Bacchus) qu'avaient lieu, à Athènes, les représentations dramatiques. Transportées à Rome, les *Bacchanales* devinrent l'occasion d'une licence telle, qu'en 184 avant l'ère vulgaire, le Sénat en interdit la célébration. Elles furent rétablies sous l'Empire et présentèrent le spectacle d'une corruption plus effrénée que jamais.

5 Dans la comédie des *Nuées*. Voir, au sujet de la grave responsabilité qui pèse sur Aristophane dans la mise en accusation, le procès et la mort de Socrate, les excellentes *Études sur Aristophane*, de M. Deschanel.

montrer, comme par dérision, des sauts de
puce; il représenta même des formes et des
costumes de nuées; il prodigua, enfin, tout ce
que le délire de la Comédie a coutume de
forger, pour exciter le rire. Mais il arriva,
alors, que quelques hommes[6], voyant le théâtre
incliner à ne plus être qu'un lieu de plaisir,
eurent l'idée d'une accusation et commirent
l'impiété de la porter contre cet homme, dont
le meurtre fut un malheur pour le peuple tout
entier. Il est en effet à remarquer, si l'on veut
bien se rendre compte des temps, que, du moment où Socrate eut disparu victime de la
violence, les Athéniens ne firent plus rien de
glorieux : la République tomba en décadence,
et toute la Grèce se perdit avec elle[7].

On peut juger de même, à l'époque de
Sopater, du complot ourdi contre lui.

Voici ce qui se passa :

Constantinople, c'est-à-dire l'antique Bysance, faisait pour les Athéniens, autrefois, le

6. Anytus, Mélitus et Lycon.

7. La décadence d'Athènes datait d'un peu plus haut. La
prise de cette ville par les Spartiates et la fin de son hégémonie
remontent à l'an 404.

transport des blés, et ce qu'on amenait de là
dépasse toute croyance. Mais, de nos jours, ni
les nombreux navires qui arrivent de l'Egypte,
ni ceux qui viennent de l'Asie entière, de la
Syrie et de la Phénicie, ni même les vivres
fournis par les autres provinces, dans la pro-
portion du tribut imposé à chacune d'elles, ne
peuvent emplir et rassasier la populace ivre
que Constantin a transportée à Bysance, après
avoir vidé les villes de leurs habitants : véritable ramassis de misérables, dont il s'est
entouré pour obtenir au théâtre des applaudissements; car il était friand des louanges que
lui décernaient des ivrognes chancelants, et il
aimait volontiers à s'entendre acclamer par des
imbéciles qui, même, écorchaient son nom.
| Or, la position de Bysance est telle, qu'il est
impossible aux vaisseaux d'y aborder, à moins
que le vent du sud ne souffle fortement et sans
mélange. Un jour, il ne souffla pas; ce qui
arrive souvent par suite de la nature des sai-
sons. Le peuple, alors, s'assembla au théâtre,
épuisé par la faim; et il ne se trouva plus de
gens ivres pour hurler des vivats : l'Empereur
fut consterné.

Les envieux qui, depuis longtemps, épiaient
une occasion, pensèrent, cette fois, en avoir
trouvé une magnifique :

« Sopater, s'écrièrent-ils, Sopater que tu
» combles d'honneurs, a enchaîné les vents
» par la vertu extraordinaire de sa science,
» dont toi-même tu fais sans cesse l'éloge et
» grâce à laquelle encore il est assis à tes côtés,
» sur le trône impérial. »

Le crédule Constantin entend cela, il est
persuadé; il ordonne de mettre à mort le philosophe. Et les calomniateurs eurent soin que
l'exécution fût accomplie plus vite que la
parole.

Mais le véritable auteur de tout le mal fut
Ablabius, préfet du prétoire, qui, voyant sa
réputation éclipsée par celle de Sopater, séchait
de jalousie.

Comme je rédige, ainsi que je l'ai déjà dit,
ces biographies d'hommes que leur science
universelle a illustrés, d'après ce que j'ai pu
conserver des traditions qui sont parvenues à
ma connaissance, il ne me sera pas difficile de
dire aussi, en courant, quelques mots de ceux
qui se sont montrés leurs ennemis.

Ablabius donc, qui avait tout préparé pour le meurtre de Sopater, était d'une naissance fort obscure; et l'origine de ses parents était bien au-dessous de la médiocrité, même de l'abjection. Voici, du reste, ce qu'on raconte de lui, et qui n'a été contredit par personne :

Un Égyptien, de ceux qui s'adonnent à la science appelée *mathématique*[8], était arrivé en ville. Les Égyptiens ont la réputation de se conduire d'une façon peu bienséante, quand ils sont en voyage; et cela donne naturellement à penser qu'ils sont mal élevés chez eux. Aussi, notre homme se précipite-t-il dans la meilleure auberge de la ville, en criant qu'il est à jeun, qu'il a fait une longue route et qu'il meurt de soif. Là, il demande du vin doux et aromatisé, et met argent sur table.

A cette vue, celle qui tenait l'auberge se prépare à remplir son office et se trémousse en conscience. Mais elle était en même temps habile dans l'art de délivrer les femmes en mal d'enfant. Elle venait donc de placer la coupe

8. C'est-à-dire l'astrologie.

4

devant l'Égyptien et était occupée à verser le
vin aromatisé, lorsqu'une voisine, accourant,
lui glisse ces mots à l'oreille :

« Ton amie et ta parente, — ce qui était
» vrai, — est dans les douleurs; et sa vie se
» trouve en danger, si tu ne viens vite. »

A peine a-t-elle entendu, qu'avant même
d'avoir ajouté l'eau chaude dans la coupe, elle
plante là l'Egyptien ébahi. Elle court opérer
la délivrance, achève tout ce qui doit se faire
dans les accouchemens, et reparaît promptement devant son hôte, après s'être lavé les
mains.

Elle le trouva furieux et bouillonnant de
colère.

Alors, elle lui expliqua la cause qui l'avait
ainsi retardée. Dès qu'il l'eut apprise, le brave
Egyptien, s'avisant de l'heure, se montra plus
pressé de la soif de dévoiler ses inspirations
divines que de celle qui lui desséchait le gosier;
et, d'un ton superbe :

« Va, dit-il, ô femme, et annonce à cette
» accouchée que peu s'en faut qu'elle n'ait en-
» fanté un empereur. »

Après cette révélation, il ingurgita, sans

sourciller, le contenu de l'ample coupe et laissa son nom à l'aubergiste, pour qu'elle sût bien qui il était.

L'enfant qu'on avait mis au monde ce jour-là était Ablabius.

Il devint si bien le jouet de la Fortune, qui bouleverse toutes choses, qu'il fut plus puissant que l'Empereur, puisqu'il parvint à faire périr Sopater, en fournissant au peuple indiscipliné, qui était alors le véritable souverain, un prétexte encore plus futile que celui qui avait amené la mort de Socrate.

Constantin, toutefois, fut puni de l'influence qu'il avait accordée à Ablabius, et sa fin a été racontée dans l'histoire qui le concerne. Quant à Ablabius, le prince lui laissa son fils Constance, qui avait régné conjointement avec lui, et qui hérita du pouvoir de son père avec ses frères Constant et Constantin II. Il a été parlé, du reste, de tout cela en détail, dans ce qui a été écrit sur le divin Julien.

Constance, ayant donc succédé à l'empire et s'étant rendu maître de tout ce qui lui était échu par le sort, c'est-à-dire de tous les pays de l'Orient à partir de l'Illyrie, dépouilla aussitôt

Ablabius de son autorité et s'entoura d'autres favoris.

Ablabius se réfugia alors en Bithynie, dans une propriété qu'il s'était fait construire depuis longtemps et qui était toute remplie de retraites et de délices vraiment royales. Il vécut là dans l'abondance, et tout le monde s'étonnait qu'il eût dédaigné de se faire empereur.

Mais Constance lui envoya, de la ville qui avait reçu le nom de son père, des hommes en grand nombre, armés d'épées, et dont les premiers, qui se présenteraient, avaient mission de lui remettre une lettre. Ils se prosternèrent devant lui, selon la coutume qu'ont les Romains de fléchir le genou devant un empereur, pour lui offrir une missive. Ablabius reçut la lettre avec une contenance majestueuse, et comme un homme dégagé de toute crainte; il osa même réclamer de ses visiteurs la pourpre, en les regardant d'un œil sévère et en prenant devant eux un air formidable.

Ils lui dirent qu'ils avaient pour toute mission de lui remettre la lettre, mais que les gens chargés du reste étaient à la porte. Ablabius, ivre d'orgueil et gonflé d'insolence, les fit ap-

peler aussitôt. Ceux-ci furent introduits. Ils
étaient nombreux et portaient tous des épées.
Au lieu d'une robe de pourpre, ils lui donnèrent
la mort pourprée et le coupèrent en morceaux,
comme le boucher dépèce les viandes, qui
doivent être servies dans les festins. Telle fut
l'expiation que les mânes de Sopater reçurent
d'Ablabius, qui, jusque-là, avait été heureux
en tout.

Les choses ayant été ainsi réglées par la
Providence, qui n'abandonne pas le soin des
destinées humaines, le plus illustre des philosophes vivants était Édésius.

Il eut d'abord recours à la divination, au
moyen d'une oraison dans laquelle il avait la
plus grande foi, et dont l'effet se révélait par
une vision nocturne. Le dieu descendit à sa
prière et lui rendit son oracle en vers hexa-
mètres.

Edésius, les paupières à peine ouvertes, et
encore tout saisi de crainte, se rappelait bien
le sens des paroles qui lui avaient été dites.
Mais la forme sublime et céleste des vers avait
fui de sa mémoire et lui échappait. Il appelle
son esclave et lui fait apporter de quoi se laver

les yeux et le visage. Tout à coup, le serviteur
lui dit :

« Vois donc, le dessus de ta main gauche est
» rempli de caractères. »

Edésius regarde et reconnaît l'empreinte divine. Il adore sa propre main avec les lettres
qu'elle porte, et lit l'oracle qui s'y trouve
inscrit. Le voici :

La Parque, en ce moment, tient les fils de ta vie
Parmi ceux qu'elle trame. Or, si ton cœur envie
Le séjour de la Ville ou des vastes cités;
La gloire, les succès te seront réservés,
Surtout quand tu voudras guider l'ardeur divine
D'un groupe d'écoliers, voués à ta doctrine.
Mais, si tu préférais des moutons ou des bœufs
Conduire le troupeau, le sort des Bienheureux
Est celui qui t'attend. Tel est l'arrêt des Dieux!

En présence de cet oracle, Edésius choisit,
comme cela devait être, la voie la meilleure.
Il avait en vue une petite campagne, où il
comptait mener la vie d'un chevrier ou d'un
bouvier. Il y alla.

Mais, par un effet de la renommée qu'il avait
précédemment acquise, son projet ne put demeurer caché à ceux qui avaient besoin d'éloquence et d'enseignement; ils le suivirent à la

piste, et, hurlant comme des chiens devant sa
porte, ils le menacèrent de le déchirer s'il per-
sistait à réserver tant de science pour les montagnes, les rochers et les arbres, comme s'il
n'était pas né parmi les hommes et ne savait
rien de l'humanité.

Forcé par la violence de ces discours et de
ces actions de rentrer dans la vie sociale, il
s'abandonna alors au pire des deux partis et
quitta la Cappadoce, laissant le soin des intérêts
qu'il avait à Eustathe, qui était un peu son
parent. Pour lui, il se dirigea vers l'Asie qui,
tout entière, lui tendait les bras. Il s'établit
dans l'antique Pergame *, et là, il fut constam-
ment visité par les Grecs et par les gens du
pays; et sa gloire s'éleva jusqu'aux astres.

Mais laissons cela, et occupons-nous d'Eustathe; car je regarderais comme une impiété
de passer sous silence ce que je sais de vrai
sur lui.

De l'aveu de tout le monde, il paraissait et
était en effet un homme excellent, très habile
dans l'art de parler, et dont la langue et les

*. Voi: la note 10 de la vie de Jamblique.

lèvres exerçaient une séduction, voisine de la
magie. La douceur, la suavité florissaient dans
ses discours; elles se répandaient avec tant de
grâce que ceux qui écoutaient sa voix et ses
paroles, s'abandonnant eux-mêmes comme s'ils
eussent goûté du lotus [10], étaient suspendus
à sa bouche et à tout ce qu'elle proférait.

De telles merveilles ne différaient guère de
celles que produisait la voix enchanteresse des
Sirènes. Aussi l'Empereur, bien qu'attaché à la
doctrine des Chrétiens, l'appela-t-il à son secours, au milieu des circonstances troublées
qui l'entouraient.

Le roi des Perses [11], en effet, menaçait l'empire de grands malheurs. Déjà, il assiégeait
Antioche [12] et faisait pleuvoir les traits, jusque
dans la ville. Il s'était emparé, par un coup de
main imprévu et subit, de la citadelle qui dominait le théâtre; et, de là, les flèches attei-

10. Le fruit du lotus faisait, dit-on, oublier la patrie à ceux
qui en mangeaient et les attachait sans retour au pays où
croissait la plante merveilleuse.

11. Le Sassanide Schapour ou Sapor II.

12. En Mésopotamie. C'est la ville qu'on appelait autrefois
Antiochia Nisibis; elle se nomme encore aujourd'hui *Nésib.*

gnaient les spectateurs et en tuaient un grand
nombre.

Dans une pareille situation, tout le monde
était tellement abattu et découragé que l'on
n'hésita point à approcher de l'oreille de l'Empereur un sectateur de l'*Hellénisme* [13], quoique
les princes précédents eussent la coutume de
destiner aux ambassades ceux qui s'étaient
illustrés dans l'armée, soit comme préfets des
camps, soit pour avoir exercé quelque autre
commandement. Mais, en ce moment, et devant l'impérieuse nécessité, Eustathe parut à
chacun le plus habile de tous, et on le désigna
d'un commun accord.

Il fut donc appelé, au nom de l'Empereur,
et se présenta aussitôt. Le charme de sa parole
fut tel, que ceux qui avaient conseillé de lui
confier l'ambassade reçurent du prince les plus
grands honneurs, et furent l'objet de toute sa
bienveillance. Quelques-uns d'entre eux ac-
compagnèrent spontanément Eustathe dans sa
mission, afin d'expérimenter, de plus près, s'il

13. On donnait ce nom au paganisme philosophique, restauré
par Julien.

aurait aussi l'habileté de séduire les Barbares.

Dès qu'ils furent arrivés dans le pays des Perses, bien que la renommée dépeignit Sapor comme un despote sauvage, et qu'il le fut en effet, Eustathe cependant, en vertu du caractère public que lui donnait son ambassade, eut accès auprès du prince. Celui-ci admira en même temps la fierté et la douceur de son regard, que ne purent troubler les divers moyens mis en œuvre, pour le frapper de crainte. Et, lorsque le Roi entendit le philosophe parler avec aisance et sans se montrer intimidé, et qu'il vit la convenance et la facilité avec lesquelles ses arguments se déroulaient, il mit fin à l'audience, et Eustathe sortit, sûr d'avoir captivé ce prince par son éloquence.

Aussitôt après, Sapor le fit inviter à sa table par les gardes de sa chambre. Eustathe se rendit à cette invitation, charmé de découvrir dans le caractère du Roi une propension naturelle à la vertu ; il prit donc part au festin.

Admis à s'asseoir à la table royale, il subjugua tellement son hôte, par la force de ses discours, qu'il s'en fallut de peu que le Roi des Perses ne se dépouillât de sa haute tiare, de

ses vêtements de pourpre et de ses ornements
incrustés de pierres précieuses, pour les échanger
contre le manteau d'Eustathe; tant était vif
l'emportement avec lequel celui-ci s'était élevé
contre les biens de la fortune et les parures
mondaines, tant il avait flétri la démence de
ceux qui n'aiment que leur corps! Mais il en
fut empêché par les mages [14], qui se trouvaient
autour de lui, et qui, prétendant qu'Eustathe
n'était qu'un pur jongleur, conseillaient au Roi
de demander à l'Empereur des Romains pourquoi, possédant en abondance tant d'hommes
considérables, il en envoyait qui ne différaient
en rien d'esclaves enrichis.

Cela n'empêcha pas Eustathe de réussir dans
sa mission; et le succès dépassa même tout ce
qu'on avait espéré.

Quant au philosophe lui-même, ce qui inté-
resse notre histoire c'est de savoir que la Grèce,
tout entière, souhaitait de le voir et demandait
aux dieux sa venue. Les prophéties étaient
d'accord sur ce point avec les hommes habiles

14. Prêtres des anciens Perses, qui jouissaient encore d'une
grande autorité. Ils s'adonnaient à l'astrologie et aux sciences
occultes.

dans ces sortes de choses. Il n'en fut pas ainsi
cependant, car il ne fit point ce voyage.

Les Grecs, alors, lui envoyèrent une ambassade, composée des savants les plus distingués.
Ils devaient demander au grand Eustathe pourquoi l'événement ne répondait pas à de tels
pronostics. Le philosophe, après avoir écouté
les hommes dont la réputation était la plus répandue dans la matière, examina la chose de
plus haut; il pesa la valeur de leurs témoignages, et rechercha la grandeur, la couleur et
la forme des signes. Puis, souriant aux envoyés,
comme il avait coutume de le faire quand il
découvrait la vérité, — car le mensonge n'est
pas moins éloigné du langage des dieux que de
ceux qui les fréquentent, — il leur dit :

« Ces signes n'annonçaient point ma venue. »

Et il ajouta, avec trop d'orgueil, selon moi,
pour un mortel :

« Les prodiges qui sont apparus étaient sans
» conséquence, et vraiment au-dessous de mon
» mérite. »

Eustathe, qui était déjà lui-même un si grand
philosophe, avait pris pour femme Sosipatra
qui, par la supériorité de sa sagesse, fit paraître

son propre mari en quelque sorte petit et de peu de valeur, à côté d'elle.

Il convient ici, dans la revue que je passe des philosophes, de parler en détail de cette femme, dont la gloire se répandit partout.

Sosipatra était née en Asie, aux environs d'Ephèse, dans la plaine que traverse le Caystre et à laquelle il a donné son nom. Ses parents, ainsi que sa famille, étaient heureux et riches. Dès sa plus tendre enfance, tout sembla lui sourire; et sa jeunesse brilla entièrement de l'éclat de la beauté et de la pudeur.

Elle était arrivée à l'âge de cinq ans, lorsque deux vieillards qui l'un et l'autre avaient dépassé le temps de la vigueur corporelle, bien que le premier fût plus âgé que le second, portant de vastes besaces et le dos couvert de peaux, se présentèrent dans une propriété appartenant aux parents de Sosipatra et demandèrent au fermier de leur confier le soin des vignes; c'était un travail facile pour eux. On les accepta.

La récolte fut si abondante, entre leurs mains, qu'elle surpassa toute espérance. Le propriétaire arriva, sur ces entrefaites, et amena

la petite Sosipatra. L'étonnement était sans
bornes et l'on en venait à soupçonner quelque
prodige divin. Le maître, alors, invita à sa table
les deux vieillards, les traita avec la plus grande
libéralité, et reprocha aux paysans qui culti-
vaient d'ordinaire son bien de ne point obtenir
les mêmes résultats. Les vieillards, après avoir
joui de l'hospitalité et de la table à la mode
grecque, séduits et captivés par l'exquise beauté
et le charme de la petite Sosipatra, s'expri-
mèrent en ces termes :

« Nous avons par devers nous bien d'autres
» secrets et bien d'autres mystères; et cette
» abondance de raisin, dont tu t'émerveilles si
» fort, n'est qu'une plaisanterie et un jeu facile
» pour notre puissance. Mais, si tu veux que
» nous te payions le prix de ton festin et de
» ton hospitalité, non en argent ni en remer-
» ciements fugitifs et périssables, mais par un
» don qui te sera plus précieux que toi-même
» et que ta propre vie, par un don céleste et
» s'étendant jusqu'aux astres, confie-nous,
» comme à ses nourriciers et à ses véritables
» pères, ta chère Sosipatra; et, d'ici à cinq ans,
» ne crains rien pour cette enfant, ne redoute

» poinf pour elle la mort et garde ta tranquil-
» lité et ta constance. Aie soin de ne pas fouler
» le sol de ce domaine jusqu'à ce que, les révo-
« lutions solaires étant accomplies, la cinquième
» année se trouve achevée. Pendant ce temps,
» la richesse naîtra spontanément pour toi de
» cette terre et se multipliera; et ta fille s'élè-
» vera, non pas seulement à la condition d'une
» femme ou d'un être humain : tu pourras
» concevoir de cette enfant de plus hautes es-
» pérances. Si tu as bon courage, accueille à
» bras ouverts ce que nous te disons; si tu
» conserves quelques soupçons, admets que
» nous n'avons rien dit. »

A ce discours, le père frappé d'épouvante et
retenant sa langue, prend l'enfant par la main,
l'abandonne aux deux étrangers, et, appelant
le fermier :

« Donne à ces vieillards, lui dit-il, tout ce
» qu'ils te demanderont, et ne témoigne aucune
» espèce de curiosité. »

Ayant ainsi parlé, avant que l'aurore parut,
il partit comme s'il s'exilait de sa fille et de
son bien.

Qu'étaient donc ceux qui avaient reçu l'en-

fant? Des héros, des génies, des êtres d'une
nature plus divine encore? Dans quels mystères
l'instruisirent-ils? C'est ce que personne ne sut
jamais. A quelle divinité la consacrèrent-ils?
Il fut toujours impossible de le connaître, à
ceux mêmes qui en avaient le plus d'envie.

Le temps était venu, cependant, où tous les
comptes des revenus du domaine devaient être
rendus. Le père de l'enfant se présenta : il ne
reconnut point sa fille dont la taille avait
grandi; sa beauté lui sembla toute changée,
et Sosipatra, elle-même, eut d'abord peine à
reconnaître son père, qui se prosternait devant
elle, la prenant pour quelque autre.

Enfin, la table ayant été dressée, ses instituteurs parurent. Ils dirent au père :

« Interroge la jeune fille sur ce que bon te
» semblera. »

Celle-ci, prenant la parole :

« Demande-moi, père, dit-elle, ce qui t'est
» arrivé pendant le chemin. »

Le père lui donna licence de parler.

Sa fortune lui permettait de voyager dans
une voiture à quatre roues; et, avec de pareils
véhicules, on est exposé à divers accidents.

Sosipatra lui rapporta toutes ses paroles, toutes
ses menaces, toutes les péripéties de la route,
comme si elle eût été assise à côté de lui dans
la voiture. L'admiration du père fut telle, que
ce n'était pas de l'admiration, mais de la stupeur, et qu'il fut persuadé que sa fille était
une déesse [15].

Tombant aux pieds des deux hommes, il les
supplie de lui apprendre qui ils étaient. Ceux-ci,
avec peine et en hésitant, — la Divinité le voulait
ainsi sans doute, — avouèrent qu'ils n'étaient
pas étrangers à la science appelée *chaldaïque*;
mais ils ne dirent cela que comme par énigme,
et en tenant le visage baissé vers la terre. Le
père de Sosipatra, embrassant de nouveau leurs
genoux, les conjura de se regarder comme les
maîtres du domaine, de conserver sa fille sous
leur autorité et d'achever son initiation. Les
deux vieillards firent un signe de consente-
ment et n'ajoutèrent pas une parole.

Satisfait de ce qu'il considérait comme une

15. Cette scène, qui rappelle ce qu'on rapporte d'Apollonius
nommant à Corinthe les orateurs d'Athènes et avertissant les
Éphésiens du meurtre de Domitien à Rome, ne peut guère
s'expliquer que par le *magnétisme*, qui joue un grand rôle dans
les miracles de ces temps d'ignorance et de superstition.

5

promèsse ou un oracle, le père sentit son courage se raffermir, bien qu'il ignorât au fond ce qu'il en était. En lui-même, il exaltait Homère, qui a chanté ainsi ce prodige divin :

Les Dieux, s'assimilant à des hôtes divers,
Sous différents aspects, parcourent l'univers.

Il croyait bien, en effet, avoir eu pour hôtes des Dieux, revêtus de la forme humaine. L'esprit plein de ce sujet, il fut saisi par le sommeil.

Pendant ce temps-là, les vieillards, ayant quitté la table et prenant avec eux l'enfant, lui remettent, d'un air bienveillant et sérieux, la robe qui faisait partie du vêtement dans lequel elle avait été initiée; ils y joignent quelques autres objets, puis, donnent à Sosipatra, pour le cacheter, le coffret qui contenait tout cela, après y avoir renfermé de plus un certain nombre de livres. Elle obéit, car elle n'avait pas moins de tendresse pour ses instituteurs que pour son père.

Le jour étant venu, et les portes ayant été ouvertes, les travailleurs se rendirent à leur ouvrage; et ceux-ci sortirent avec les autres,

selon leur coutume. L'enfant courut à son père
pour lui donner la bonne nouvelle : un des
serviteurs portait le coffret. Le père, ayant demandé l'argent qu'il y avait, selon l'occurrence,
et s'étant informé près de ses fermiers de tout
ce qui était nécessaire, fit appeler les deux
vieillards. On ne les put trouver nulle part.

Alors, il dit à Sosipatra :

« Qu'est-ce là, mon enfant? »

Celle-ci, après s'être un instant recueillie :

« Maintenant, dit-elle, je comprends leurs
» paroles; car, lorsqu'en pleurant ils me mirent
» ces objets dans la main, ils me dirent : Vois,
» mon enfant, nous allons vers l'Océan qui est
» au Couchant, et nous reviendrons bientôt. »
Cela démontrait le plus clairement du monde
que ces deux hommes, qui étaient ainsi apparus, étaient des génies. Et, en effet, de quelque
côté qu'ils se soient dirigés, il est certain qu'on
ne les revit plus.

Le père, emmenant sa fille initiée et chaste-
ment inspirée du souffle divin, la laissa vivre
dès lors à sa guise, et ne se mêla en rien de ce
qui la regardait : toutefois, il lui voyait avec
peine garder un silence obstiné.

Elle était déjà arrivée à la fleur de la jeunesse, n'ayant pas eu d'autres maîtres et citant sans cesse, non-seulement les œuvres des poëtes, mais aussi celles des philosophes et des orateurs. Tout ce que les autres apprennent, à force de travail et de torture d'esprit, et ne savent même qu'imparfaitement et d'une manière obscure, elle le comprenait, elle, comme en se jouant et le mettait en lumière facilement et sans effort.

Enfin, elle résolut de se marier. Assurément, il était hors de toute contestation que, parmi tous les hommes, Eustathe se trouvait le seul digne d'un tel hymen. Elle le choisit. Mais, avant, elle parla elle-même en ces termes à Eustathe et à ceux qui étaient présents:

« Ecoute, Eustathe, et que les assistants me
» servent de témoins. J'enfanterai de toi trois
» enfants, qui seront malheureux en tout ce
» qui paraît précieux aux mortels, mais dont
» aucun ne manquera des biens célestes. Tu
» m'auras déjà abandonnée pour une position
» vraiment belle et digne de toi; mais, moi,
» j'en aurai peut-être une meilleure. Tu' iras,
» en effet, te réunir au chœur des Bienheureux

» dont la Lune est la demeure [16], et, dans cinq
» ans d'ici, — selon ce que je lis sur ton visage,
» — tu cesseras d'adorer ici-bas les Dieux et de
» philosopher : ta sortie de ce séjour sublunaire
» sera, d'ailleurs, une transition douce et facile.
» Je voudrais aussi parler de ce qui me concerne... »

A ces mots, elle suspendit un instant son
discours :

« Mais, dit-elle en reprenant, ma divinité
» particulière me le défend. »

S'étant ainsi exprimée, elle devint la femme
d'Eustathe, conformément à la volonté des
Parques; et les paroles qu'elle avait prononcées
concordèrent entièrement avec les immuables
destinées; car les faits se produisirent avec la
même exactitude que s'ils avaient précédé ses
prédictions.

A propos de ces événements, il est nécessaire
d'ajouter que Sosipatra, après la mort d'Eus-

---

16. On voit que l'idée des habitants de la lune ne date pas
d'hier. Le philosophe Anaxagore, qui vivait du temps de Périclès
et qui fut condamné à mort, pour avoir soutenu que le soleil était
plus grand que le Péloponèse, disait déjà que la lune était habitée
et qu'elle renfermait des montagnes et des vallées.

tathe, retourna dans ses terres et se fixa en
Asie, près de l'antique Pergame.

Là, le grand Edésius l'entoura de ses soins
et de son affection; il éleva même ses enfants.
Sosipatra, alors, dressa en quelque sorte, dans
sa propre maison, une chaire rivale de la
sienne; après avoir entendu Edésius, les disciples affluaient chez elle : et il n'était aucun
d'eux qui n'aimât et n'admirât la logique serrée
d'Edésius et qui ne se prosternât, plein de vénération, devant l'enthousiasme de Sosipatra.

Philométor, cousin de cette femme illustre,
vaincu par sa beauté et par son éloquence, en
vint à l'aimer et à la trouver la plus divine de
toutes les femmes : cette passion le dominait
et s'imposait violemment à lui. Il s'y livrait
tout entier, et Sosipatra, de son côté, partageait
ses sentiments. Elle s'adressa alors à Maxime,
un des familiers les plus intimes d'Edésius et
presque son parent :

« Apprends, lui dit-elle, Maxime, pour m'é-
» viter quelque embarras, à quel mal je suis
» en proie. »

« — De quel mal voulez-vous parler? de-
» manda Maxime. »

« — Voici, lui répondit-elle. Si Philométor
» est présent, c'est Philométor, et il ne diffère
» en rien de la plupart des hommes : mais, si
» je le vois s'en aller, je sens, au moment de
» son départ, quelque chose qui me mord,
» pour ainsi dire, et me tord le dedans du cœur.
» Il faut absolument, ajouta-t-elle, que tu
» travailles à me soulager et que tu me donnes
» une preuve de ton pieux dévouement. »

Maxime sortit tout fier, et se regardant déjà
comme le familier des Dieux, parce qu'il avait
reçu d'une telle femme une telle confidence.

Philométor, cependant, poursuivait son dessein. Mais Maxime s'y opposait : sa science,
dans l'art des sacrifices, lui faisait connaître
les moyens qu'employait Philométor, et il en
mettait de plus forts et de plus puissants en
usage, pour détruire l'effet de ceux-là.

Ces opérations terminées, Maxime courut
aussitôt vers Sosipatra, et la conjura de veiller
avec le plus grand soin, pour voir si, dans
l'avenir, elle retomberait en proie au même
mal. Mais elle lui dit qu'elle ne souffrait plus ;
elle lui détailla alors toutes ses prières, toutes
ses pratiques, en précisant l'heure où il les

avait accomplies, comme si elle eût été présente,
et lui énuméra tous les signes qui s'étaient
montrés à lui. A cette révélation, Maxime,
frappé de stupeur, tombe sur le sol et proclame
hautement que Sosipatra est une déesse.

« Lève-toi, dit-elle, mon fils ; les Dieux
» t'aiment, puisque tes regards sont tournés
» vers eux et que tu ne les abaisses point vers
» les biens terrestres et périssables. »

Maxime, ayant entendu ces paroles, sortit
de la maison, plus orgueilleux que jamais d'avoir
fait l'expérience certaine de la divinité de Sosipatra. A la porte, il rencontra Philométor qui
entrait, rayonnant, avec de nombreux compagnons. Et, l'interpellant de loin, en enflant
sa voix :

« Ami Philométor, lui dit-il, au nom de tes
» dieux protecteurs, cesse donc de brûler du
» bois. C'est bien inutile. »

Il faisait, ainsi, allusion aux maléfices dont
il le savait coutumier. Philométor crut alors
que Maxime était un dieu et se tint sur une
extrême réserve. Il renonça à son dessein et
fut le premier à rire de l'entreprise qu'il avait
conçue. Dès lors, Sosipatra vit Philométor sans

contrainte, et même avec une distinction marquée, admirant, à son tour, celui qui l'avait
tant admirée.

Un jour que tous ses disciples étaient réunis
autour d'elle, et que Philométor était absent,
— il se trouvait, en effet, à la campagne, — le
sujet de la discussion roulait sur l'âme. Un
grand nombre d'arguments s'étaient déjà pro-
duits, quand Sosipatra prit la parole, et se mit
à les réfuter, l'un après l'autre, par ses démonstrations. Elle en vint, ensuite, à traiter
du dernier voyage de l'âme, de la partie qui est
en elle sujette au châtiment, et de celle qui
est immortelle. Puis, tout à coup, au milieu
de son enthousiasme et d'une sorte de fureur
bachique, comme si la parole lui manquait,
elle se tut, et, après un peu de temps, s'écria:

« Qu'est cela? Mon cousin Philométor se
» trouve traîné par son char. Le mauvais état
» de la route l'a fait verser, et il risque fort
» d'avoir les jambes cassées. Mais ses domes-
» tiques l'ont retiré sain et sauf, à part quelques
» blessures sans gravité, aux coudes et aux
» mains. On le porte en litière, et il pousse
» des gémissements. »

Telles étaient ses paroles; et il en était vraiment ainsi. C'est pourquoi, tous, étaient persuadés que Sosipatra avait le don d'ubiquité [17] et se trouvait présente à tous les événements, comme les philosophes l'affirment des Dieux.

Elle mourut, laissant trois enfants. Il n'est aucun besoin de donner ici les noms de deux d'entre eux. Mais Antonin, lui, se montra digne de ses parents.

Il fixa sa résidence à l'embouchure de la branche Canobique [18] du Nil, se livra tout entier aux pratiques qui s'accomplissaient dans ces parages et força la Renommée à justifier la prédiction de sa mère. La jeunesse, soucieuse de la santé de son âme et réellement curieuse de philosophie, se pressait autour de lui; aussi, le temple était-il plein d'adolescents, occupés aux choses sacrées. Il ne se donnait pas comme un être au-dessus de l'humanité, il passait volontiers sa vie au milieu des hommes; et il disait souvent à ses disciples qu'après lui il n'y

17. Cu seulement de *lucidité* pour les partisans du magnétisme.

18. Une des sept branches du Nil. On l'appelait aussi *Canopique*, à cause de la ville de Canope, célèbre par ses temples.

aurait plus de temple, et que le grand, le vé-
nérable sanctuaire de Sarapis [19] serait changé
en un hideux amas de ruines que rongerait le
ténébreux oubli, tyran fantastique et odieux,
auquel sont soumises les plus belles choses de
la terre.

Le temps, qui dévoile tout, vérifia ces prédictions, et leur donna force d'oracle.

De cette école, — car je n'ai pas le projet
d'écrire ce qu'on appelle les *Orientales* [20] d'Hé-
siode, — descendirent des courants qui, comme
des émanations d'astres, se dispersèrent bientôt
et se répartirent sur quelques autres espèces
de philosophes, pour qui l'affinité de doctrines
fut une source de gain. La plupart furent pour-
suivis devant les tribunaux, comme Socrate au
portique du Roi, à Athènes, tant ils mépri-
saient les richesses et haïssaient l'or.

Toute leur philosophie consistait en un manteau, dans le souvenir de Sosipatra, et dans le

19. Ou, plus ordinairement *Sérapis*. C'est un dieu de forma-
tion relativement récente et qui ne fut à la mode qu'à partir
de la domination des *Lagides*. Ses sectateurs le considéraient
comme la divinité suprême, ressuscitant les morts, donnant la
vie et la santé.

20. Ouvrage perdu

nom d'Eustathe qu'ils avaient toujours à la
bouche; en fait de choses qui se voient, ils
portaient des sacs bourrés de petits livres, qui
auraient pu être la charge de plusieurs cha-
meaux. Ils savaient par cœur ces livres, qui
n'avaient de rapport avec aucun des anciens
philosophes, et qui étaient ou des testaments
ou des copies de testaments, des contrats, des
actes de vente, enfin tout ce qu'une vie misé-
sérable et plongée dans l'erreur ou le désordre
trouve digne d'intérêt. De ce côté-là, non plus,
les prophéties de Sosipatra ne furent point dé-
menties par l'événement.

Mais je n'ai nul besoin d'écrire ici le nom de
ces hommes; car mon ouvrage n'est pas fait
en vue des fripons, il a été composé pour la
gloire des honnêtes gens.

Donc, un seul des fils de Sosipatra, nommé
Antonin, celui dont j'ai fait mention brière-
ment plus haut, séjourna à Alexandrie. Puis,
saisi de respect et d'admiration pour l'embouchure de la branche Canobique du Nil, il se
dévoua et se consacra aux divinités de ce lieu
et à leurs mystères sacrés. Il parvint très rapidement à s'identifier avec l'essence divine,

méprisant le corps et se dégageant du souci de
toutes les voluptés qui s'y rapportent, et embrassant la sagesse avec une ardeur inconnue
au plus grand nombre. C'est pourquoi je crois
devoir parler de lui, un peu plus en détail.

Il ne se livra sans doute à aucun acte théur-
gique et en opposition avec le sentiment public,
peut-être parce qu'il soupçonnait que le penchant de l'Empereur l'entraînait d'un autre
côté; mais tout le monde admirait sa fermeté,
son inflexibilité, sa constance. Aussi, voyait-il
affluer vers lui, par la voie de la mer, tous
ceux qui venaient alors étudier à Alexandrie.

Cette ville, à cause du temple de Sarapis,
était devenue comme un monde sacré vers lequel, de toutes parts, se précipitait une multitude semblable à un peuple. Après avoir rendu
hommage à la Divinité, on courait chez Antonin, les uns par terre et à pied, les autres en
bateau sur les eaux du fleuve, se laissant ainsi
conduire avec une sorte de volupté vers une
occupation sérieuse.

Admis à l'honneur de son audience, ceux-ci,
lui proposant un problème de logique, rem-
portaient sur l'heure une abondante moisson

de sagesse platonicienne; ceux-là, abordant
des questions d'un ordre plus divin, ne trouvaient en lui qu'une statue. En effet, il ne leur
répondait rien, mais les yeux fixes et levés
vers le ciel, il demeurait muet et inexorable;
et personne ne le vit, sur de pareils sujets,
entrer facilement en conversation avec les
hommes.

Cependant, ce qu'il y avait de divin en lui
ne tarda pas à se manifester. Car, à peine eût-il
quitté ce monde, que le culte des divinités
alexandrines et du Sarapéum cessa; non-seulement le culte, mais les édifices où il se prati-
quait, et tout ce qui s'y rattachait, eurent le
sort que les fables poétiques attribuent à la
victoire des *Géants*. Il en fut ainsi des temples
de Canope, grâce à Théodose alors empereur,
à Théophile patriarche des maudits, et à un
certain Eurymédon qui, en ce temps-là,

Régnait sur les Géants, orgueilleux éternels;

grâce aussi à Evétius, préfet de la ville, et à
Romanus, commandant les légions d'Égypte.
Les soldats, rassemblant toutes leurs colères

contre des pierres et contre l'œuvre de ceux
qui les avaient taillées, se ruèrent bravement
sur ces objets inertes; eux, qui eussent été in-
capables de soutenir le fracas d'une bataille,
dévastèrent le Sarapéum, firent la guerre aux
offrandes, et remportèrent une victoire sans
combat, sur des ennemis absents. Dans leur
lutte contre les statues et les sanctuaires, ils
poussèrent l'héroïsme jusqu'à ne point se con-
tenter de les vaincre, ils les volèrent; et, pour
cela, ils firent une convention militaire, afin
de mettre à l'abri celui qui aurait dérobé quelque chose. Il n'y eut que les fondements du
Sarapéum qu'ils n'emportèrent point, à cause
de la masse énorme des pierres, qu'il n'était
pas facile de remuer. Mais, après avoir tout
bouleversé et tout saccagé, ces foudres de
guerre, montrant leurs mains, pures il est vrai
de sang, mais souillées de rapines, se procla-
mèrent les vainqueurs des Dieux, et se firent
gloire de leurs sacriléges et de leur impiété.

Ensuite, ils introduisirent dans les lieux
sacrés de ces gens appelés *moines* [21], qui, tout

21. μοναχοὺς.

en ayant la forme humaine, menaient la vie
des animaux et se livraient ouvertement à
toutes sortes d'excès que je n'oserais rapporter[22]. Mais, en revanche, ils regardaient
comme un acte de piété de profaner les choses
divines.

A cette époque, du reste, tout homme affublé
d'une robe noire, et qui ne craignait pas d'af-
fecter en public un maintien peu décent, avait
permission d'exercer une autorité tyrannique :
c'est à ce haut point de vertu que l'humanité
en était arrivée. Mais j'ai déjà parlé de ces
gens-là dans mon *Histoire générale*[23].

Ces moines furent donc établis à Canope;
et là, ils substituèrent à des divinités accessibles
à l'intelligence un culte d'esclaves, et encore
d'esclaves méprisables, auquel ils soumirent les
hommes. Recueillant, en effet, les ossements
et les têtes des misérables que leurs nombreux

---

22. On peut voir dans l'*Octavius* de Minucius Félix tout ce
qu'on reprochait alors aux Chrétiens.

23. Eunape avait composé des annales politiques, en 14 livres,
qui comprenaient l'*Histoire des Césars* depuis Claude II jusqu'à
Arcadius. Il y eut même deux éditions différentes de cet ouvrage.
Photius en rend témoignage dans sa *Bibliothèque*. Nous n'en
possédons que des fragments, conservés par Suidas.

crimes avaient fait condamner par la justice
de la cité, ils les présentaient comme des dieux,
se roulaient convulsivement sur ces restes im-
mondes, et s'imaginaient que le contact impur
de ces sépulcres les rendaient meilleurs. On les
appelait *martyrs*, diacres, arbitres des prières
auprès de la Divinité, quand ils n'avaient été
que des esclaves infidèles, sans cesse roués de
coups de fouet, et portant sur leur corps les
marques infamantes que leur avait values leur
perversité. Et la terre souffre de pareils Dieux!

Cela porta au comble la réputation de haute
prévoyance dont avait joui Antonin; car il
avait dit à tout le monde que les temples de-
viendraient des tombeaux.

De même, l'illustre Jamblique, comme nous
l'avons consigné dans l'histoire de sa *Vie*[24],
voyant un Egyptien évoquer Apollon et celui-ci,
par son apparition, frapper de stupeur les assistants, s'était écrié :

« Cessez de vous émerveiller, mes amis; ce
» n'est que le spectre d'un gladiateur. »

Tant est profonde la différence qui existe

---

24. Ce fait ne se retrouve pas dans la biographie de Jamblique.

entre la vue de l'esprit, et les images trom-
peuses que reflètent les yeux du corps!

Jamblique, lui, voyait les maux présents,
tandis qu'Antonin prévoyait les maux à venir:
cela suffit à établir la supériorité de ce dernier.

La fin de sa vie fut paisible, et arriva pour
lui à l'extrémité d'une vieillesse exempte de
maladie[25]. Mais ce qui attrista tous les hommes
intelligents, ce fut la ruine des temples qu'il
avait prédite.

---

[25]. Eunape ne dit rien ici de la fin d'Édésius. Il parle encore de
lui dans la vie de Maxime et dans celle de Priscus.

CHAPITRE VI

MAXIME

Nous avons précédemment fait mention de Maxime, et celui qui écrit ces lignes n'est pas sans avoir vu le personnage. Mais j'étais jeune et il était déjà vieux, quand je le rencontrai et que j'entendis sa voix, comme on aurait pu entendre celle de la *Minerve* ou de l'*Apollon* d'Homère.

La pupille de ses yeux était pleine de vivacité, il avait la barbe blanche, et son regard traduisait tous les mouvements de son âme. Rien d'harmonieux comme toute sa personne, soit qu'il vous écoutât, soit qu'il vous contemplât; son attitude, dans l'un et l'autre cas, frappait son interlocuteur, qui ne pouvait sup-

— 84 —

porter ni la mobilité de ses yeux ni le flux de ses discours. Aucun homme, d'ailleurs, parmi les plus expérimentés et les plus habiles de ceux qui conversaient avec lui, n'osait le contredire; ils s'abandonnaient tranquillement à lui, suspendus à ses paroles, comme si elles eussent été prononcées du haut d'un trépied : tant était grand le charme qui résidait sur ses lèvres.

Il était d'une bonne naissance, fort riche, et eut des frères, à qui il ne permit point de prendre le premier rang, parce qu'il l'occupait lui-même. C'étaient Claudien [1], qui s'établit à Alexandrie et y enseigna, et Nymphidianus [2], qui professa avec éclat à Smyrne.

Maxime fut un de ceux qui se pénétrèrent le plus de la philosophie d'Edésius. Aussi, on le jugea digne d'être choisi pour devenir le maître de l'empereur Julien.

Celui-ci, dans la *Vie* duquel nous avons parlé plus complétement de ces choses, fut dépouillé de tout par Constance. Mais, la famille

1. Il ne faut pas le confondre avec le poëte de ce nom, qui était également d'Alexandrie et qui vivait à la même époque.
2. Eunape a écrit sa vie plus loin.

impériale étant venue à s'éteindre, Julien resta
seul, méprisé à cause de sa jeunesse et de la
douceur de son caractère. Il fut alors aban-
donné aux eunuques du palais, dont la mission
était de le surveiller; et on leur adjoignit des
gardiens, chargés de maintenir le jeune prince
dans la foi chrétienne. C'est dans une telle
situation que Julien montra la grandeur de sa
nature. Il travailla si bien que toutes ses lectures se gravaient dans sa mémoire; et ce fut
au point que ses maîtres s'indignaient de la
brièveté forcée de leurs leçons et du peu qu'il
leur restait a enseigner à l'enfant.

Lorsqu'ils n'eurent plus rien à lui faire
connaître et que Julien n'eut plus rien à apprendre d'eux, il demanda à son cousin [3] la
permission d'étudier l'éloquence et la philosophie. Celui-ci, grâce à Dieu, y consentit,
aimant mieux le voir se plonger dans les livres
et vivre de loisir que songer à sa naissance et
à l'Empire.

Ainsi autorisé et ayant des richesses im-
menses à sa disposition, Julien, entouré d'une

---

[3] L'empereur Constance.

pompe et d'une escorte royales, se mit à
voyager de tous côtés, en passant par les endroits qui lui convenaient le mieux. Il se
rendit à Pergame, sur le bruit que faisait la
sagesse d'Edésius. Or, celui-ci était déjà arrivé
à une extrême vieillesse, et avait le corps
très affaibli. Ses principaux familiers étaient
Maxime, dont nous nous occupons en ce moment, Chrysanthe de Sardes, Priscus le Thes-
prote ou le Molosse, Eusèbe de Myndes en
Carie.

Admis dans l'intimité d'Edésius, Julien, dont
le jeune âge possédait toute la gravité de la
vieillesse, fut vivement frappé de la vigueur et
du caractère divin que présentait l'âme du
philosophe, et ne songea plus à s'éloigner.
Pareil à ceux dont parle la fable et qu'un certain serpent a mordus, il ouvrit la bouche
toute grande et voulut boire à longs traits la
science. Dans cette intention, il envoya à Edésius des présents vraiment royaux. Mais celui-ci
ne les accepta point, et, ayant fait venir le
jeune homme, il lui dit :

« La nature de mon âme ne t'est pas in-
» connue, puisque tu as tant de fois entendu

» mon enseignement. Mais tu vois dans quel
» état est le corps qui lui sert d'organe : tous
» ses éléments constitutifs se dissolvent et re-
» tournent à leur source. Donc, si tu veux
» obtenir un résultat, aimable enfant de la
» philosophie, — comme je le reconnais à des
» signes certains qui me font lire en ton âme,—
» va trouver ceux qui sont mes véritables fils,
» et enivre-toi auprès d'eux, à satiété, de toute
» sagesse et de toute science. Une fois initié
» aux mystères, tu rougiras entièrement d'être
» homme et d'en porter le nom. J'aurais voulu
» que Maxime fût ici ; mais il a été envoyé à
» Ephèse *. Je t'aurais adressé avec la même
» confiance à Priscus ; mais, lui aussi, est en
» voyage et navigue vers la Grèce. Il ne reste
» de mes disciples qu'Eusèbe et Chrysanthe ;
» quand tu te seras fait leur auditeur, tu n'auras
» plus envie de tourmenter ma vieillesse. »

Après avoir entendu ces paroles, Julien n'a-
bandonna pas complétement Edésius, mais il
s'attacha pour la plus grande partie du temps

---

4. Ville de l'Asie Mineure, renommée par son fameux temple
de Diane, mis au nombre des *sept merveilles du monde*. Patrie
d'Apelle et de Parrhasius.

à Eusèbe et à Chrysanthe. Ce dernier, d'ailleurs, était en pleine conformité de sentiments avec Maxime, au sujet de l'inspiration divine et de l'enthousiasme religieux; il ne lui cédait que sur le terrain de l'enseignement, étant pour tout le reste d'un génie égal au sien.

Eusèbe, en présence de Maxime, se récusait pour l'exacte division des parties du discours, pour le mécanisme de la dialectique et de la subtilité de l'argumentation; mais, si Maxime venait à disparaître comme la lumière du soleil, Eusèbe devenait une étoile qui scintillait, tant il y avait de facilité et de grâce dans son éloquence.

Une fois, Chrysanthe, qui se trouvait là, ne lui épargnait ni les louanges ni les signes d'approbation, et Julien écoutait avec vénération les paroles du maître. Mais Eusèbe ajouta, à la fin de son exégèse[5], qu'il ne fallait tenir compte que de ce qui existe réellement et que les fourberies, qui trompent et égarent les sens, sont l'œuvre de jongleurs, qui se détournent de la bonne voie pour recourir à des moyens maté-

5. Interprétation grammaticale ou historique.

riels, et se livrent à des fureurs condamnées
par la raison.

Le divin Julien, qui avait entendu souvent
cette conclusion, en forme d'épiphonème⁶, prit
alors Chrysanthe à part, et lui adressa ces mots:
« Si tu as quelque souci de la vérité, mon
» cher Chrysanthe, dis-moi donc ce que si-
» gnifie cet épilogue de l'exégèse. »

Celui-ci, soupirant profondément et avec un
air de modestie:

« Tu feras sagement, répondit-il, de de-
« mander cela, non à moi, mais à Eusèbe. »

Julien ne manqua pas de suivre ce conseil,
et crut voir un dieu dans celui qui le lui avait
donné.

A une nouvelle réunion, Eusèbe reprit son
thème favori; et Julien, s'enhardissant, lui demanda où il voulait en venir avec cette conti-
nuelle péroraison. Alors Eusèbe, déployant
toute son éloquence et lâchant la bride à son
extrême facilité de parole:

« Maxime, dit-il, est un de mes condisciples

---

1. En rhétorique, sorte d'exclamation sentencieuse qui résume
un discours ou un récit.

» les plus anciens et les plus instruits. Mais la
» grandeur de son caractère et la supériorité
» de son talent oratoire lui faisaient mépriser
» les démonstrations probantes et le poussaient
» à se jeter tête baissée dans des folies. Der-
» nièrement, il nous convoqua, nous tous qui
» étions avec lui, dans le temple d'Hécate [7];
» et il se trouva avoir ainsi rassemblé de nom-
» breux témoins de son extravagance. En effet,
» quand tout le monde fut arrivé et eut adoré
» la déesse, asseyez-vous, nous dit-il, ô mes
» bien chers compagnons; voyez ce qui va se
» produire et à quel point je suis supérieur au
» vulgaire. Après qu'il eut parlé de la sorte,
» nous nous assîmes tous à terre; puis, il fit
» brûler un grain d'encens, murmura entre ses
» dents je ne sais quel hymne, et poussa si
» loin ses momeries que la statue d'Hécate
» commença à sourire et finit même par rire
» aux éclats. Nous nous troublâmes à cette
» vue. Que personne ne s'émeuve de cela,

7. La triple Hécate, qui s'appelait Séléné ou la Lune dans le
ciel, Artémis ou Diane sur la terre, et Perséphone ou Proserpine
dans les Enfers. Sous le nom d'Hécate, elle représentait plus
spécialement la déesse infernale, à qui étaient consacrés le
nombre trois, le chien noir et la chauve-souris.

» s'écria-t-il; car, à l'instant, les lampes que
» la déesse tient à la main vont s'allumer. Et,
» avant qu'il eut cessé de parler, nous les
» vîmes briller d'une lueur éclatante. Pour
» nous, après avoir témoigné tout notre
» étonnement à ce magicien de théâtre,
» nous nous retirâmes. Garde-toi, à mon
» exemple, d'admirer rien de semblable, et
» examine toute chose extraordinaire à la
» lumière pure de la raison. »

Le divin Julien, satisfait de ce qu'il venait
d'entendre, lui dit alors :

« Adieu, va retrouver tes livres. Tu m'as
» révélé ce que je cherchais. »

Ayant ainsi parlé, il embrassa Chrysanthe
et prit le chemin d'Ephèse. Il y rencontra
Maxime, s'attacha fortement à lui et s'im-
prégna profondément de toute sa doctrine.
Mais Maxime lui conseilla d'appeler auprès de
lui le divin Chrysanthe : ce qu'il fit; et tous
deux eurent peine à suffire à la vaste capacité
du jeune prince pour l'étude.

Quand tout alla bien de ce côté, Julien,
apprenant qu'il y avait quelque chose de
plus à découvrir, en Grèce, auprès de l'hiéro-

phante des deux Déesses *, y courut aussitôt.

Il ne m'est point permis de dire le nom de
l'hiérophante qui était en fonctions à cette
époque; car c'est lui qui m'a initié. Il descendait des *Eumolpides* *, et c'était lui qui avait
prédit, en ma présence, la ruine des temples
et la perte de toute la Grèce. Il avait, en outre,
déclaré publiquement qu'après sa mort son
successeur ne pourrait pas d'abord monter sur
le trône des hiérophantes, parce qu'il serait
voué à des dieux étrangers et qu'il aurait juré
par des serments solennels de ne pas présider
à d'autres mystères; mais que, cependant, il y
présiderait enfin, bien qu'il ne fût point
d'Athènes. Son esprit prophétique allait si
loin qu'il annonça que, de son vivant même, il
verrait les temples renversés et saccagés; qu'il
serait abreuvé de mépris par l'excès de l'orgueil
humain; que le culte des deux Déesses périrait
avant lui; qu'il serait dépouillé de son saint

8. Cérès et Proserpine.
9. Descendants d'Eumolpe, roi d'Eleusis, qui avait institué les
mystères de ce nom. Pendant douze siècles, les *Eumolpides*
furent en possession de la présidence des mystères, sous le titre
d'*Hiérophantes*.

ministère, et qu'il n'aurait ni le titre ni la
longue existence d'un hiérophante. C'est ce
qui arriva. Car on vit en même temps paraître
le Thespien, père de l'initiation *mithriaque*[10],
et se produire des calamités sans nombre et
inexplicables, dont j'ai raconté une partie dans
les longs développements de mon *Histoire* :
s'il plaît à Dieu, je dirai ici le reste.

Il s'agit de l'invasion des Barbares, sous la
conduite d'Alaric[11], lorsqu'ils franchirent les
Thermopyles[12], aussi aisément que s'ils tra-
versaient un stade ou une plaine ouverte à la
course des chevaux. Ces portes de la Grèce
furent livrées par l'impiété de ces hommes
vêtus de robes sombres[13], qui pénétrèrent sans
obstacles avec le flot de l'invasion, et par suite

10. Mithra, personnification d'Ormuzd, chez les Perses, était
considéré par les anciens comme le dieu du Soleil et du Feu.
Son culte, d'abord proscrit à Rome, jouit plus tard d'une grande
faveur, à partir du règne de Commode. Les cérémonies, toutes
mystérieuses, inspiraient l'effroi au vulgaire, qui croyait qu'on
immolait des victimes humaines à cette divinité. Les initiés
subissaient des épreuves terribles et étaient marqués ensuite
d'un sceau indélébile.

11. Alaric Ier, roi des Visigoths.

12. En 390 de l'ère vulgaire, 876 ans après le passage des
Thermopyles par les Perses.

13. Les moines chrétiens

de la violation de la loi et de la rupture du
lien qui rattachait tout à l'autorité des *hiéro-*
phantes. Mais cela n'arriva que plus tard, et
nous avons poussé trop loin l'anticipation de
notre récit.

Julien donc, après avoir été admis dans la
familiarité du plus divin des hiérophantes, et
s'y être rassasié de toute science, fut brusque-
ment rappelé par Constance, pour être associé
à l'Empire en qualité de César. Maxime était
alors en Grèce, Edésius était déjà mort; et
Julien savait, comme on dit, sur le bout du
doigt, toute la philosophie. Le jeune prince
dut obéir, non à son penchant, mais à la nécessité.

Envoyé avec le titre de César en Gaule, —
non pas tant pour y régner que pour y périr
dans la pourpre, — il évita le péril contre toute
attente, grâce à la Providence divine; cachant
à tout le monde qu'il honorait les Dieux et
triomphant de tout le monde parce qu'il les
honorait. Il franchit le Rhin, défit et subjugua
toutes les tribus barbares qui habitent sur ses
bords, et échappa enfin à tous les piéges, à
toutes les machinations qui furent dressées

contre lui, ainsi que je l'ai écrit dans son *Histoire*.

Il avait fait venir de Grèce l'hiérophante; et, ayant avec lui seul tout préparé dans le secret, il se mit en devoir de purifier le monde de la tyrannie de Constance. Il eut pour coopérateurs Oribase de Pergame et Evhémère, homme originaire de la Lybie, que les Romains nomment, dans leur langue, Afrique. Mais, encore une fois, tout cela a été consigné avec la plus grande exactitude dans les livres qui concernent Julien.

La tyrannie de Constance une fois détruite, il renvoya en Grèce l'hiérophante, comme un dieu qui lui serait apparu et lui eût accordé tout ce qu'il souhaitait; il le combla de présents royaux et lui donna une garde pour la protection des sanctuaires de la Grèce.

Bientôt après, il manda Maxime et Chrysanthe. La lettre[14] qui les appelait était conçue dans les mêmes termes pour tous les deux. Mais ils crurent bon d'avoir recours aux Dieux.

14. Julien écrivait souvent à Maxime et dans les termes les plus flatteurs. On peut en juger par les lettres qui nous sont restées de cet Empereur.

Ces hommes énergiques et expérimentés, mettant en commun leur expérience, aiguisant et
combinant la sagacité et la perspicacité de leur
esprit, découvrirent alors des signes étranges
en même temps qu'effrayants. Tous deux les
considéraient ensemble. Chrysanthe, le premier, frappé de terreur et d'épouvante à cette
vision, mordit sa langue et dit :

« O mon cher Maxime, non-seulement je
» dois rester ici, mais il faut encore chercher
» une retraite. »

Maxime, essayant de se rassurer lui-même,
» lui répondit :

« O Chrysanthe, tu me parais avoir oublié
» la doctrine dont nous avons été imbus, et
» d'après laquelle les Grecs illustres et ceux
» qui ont appris ces choses ne doivent point
» se rendre aux premiers indices qu'ils ren-
» contrent, mais faire violence à la nature du
» dieu, jusqu'à ce qu'ils aient trouvé le signe
» qui peut remédier à tout. »

» — Tu as vraisemblablement, reprit Chry-
» santhe, l'habileté et l'audace qu'il faut pour
» tenter cela; mais moi, je ne voudrais pas
» lutter contre de pareils pronostics. »

Et, en parlant ainsi, il se retira.

Maxime persista, et essaya de tous les moyens jusqu'à ce qu'il eût obtenu ce qu'il voulait et ce qu'il désirait. Quant à Chrysanthe, il demeurait plus immobile qu'une statue, ne démordant point de l'idée qu'il avait arrêtée dans son esprit, dès le commencement.

Maxime, cependant, voyait accourir vers lui, en Asie, tous ceux qui étaient dans les magistratures ou qui les avaient remplies, et l'élite des sénateurs. La foule obstruait les chemins où devait passer le philosophe, en s'agitant et en criant, comme le peuple a coutume de le faire lorsqu'il veut flatter quelqu'un. Les femmes, de leur côté, affluaient à la porte de l'épouse de Maxime, pour la féliciter de son bonheur et la supplier de se souvenir aussi d'elles. Car, en fait de philosophie, Maxime, si on le comparait à sa femme, n'en était guère qu'aux premiers éléments. Ainsi adoré par toute l'Asie, il vivait dans l'intimité de l'Empereur.

Pour Chrysanthe, il resta décidément chez lui; une divinité lui avait dit en songe, comme il me l'a répété dans la suite,

7

Obéissez aux Dieux, afin qu'ils vous exaucent [15].

C'est entouré d'une telle pompe que Maxime arriva à Constantinople, où bientôt il brilla du plus vif éclat. L'Empereur et les princes ne le quittaient ni jour ni nuit, tant ils étaient disposés à rapporter aux Dieux tout le bonheur du temps présent.

Maxime, alors, commença à devenir insupportable à la cour; il avait revêtu une robe plus élégante qu'il ne convient à un philosophe, il se montrait arrogant et quinteux dans les audiences.

Mais l'Empereur ignorait ce qui se passait.

Sur ces entrefaites et par suite d'une pression du prince sur le philosophe, tous deux se résolurent à faire venir Priscus; et Maxime insista, de son côté, pour que Chrysanthe lui fût adjoint. L'un et l'autre furent donc appelés, Priscus de Grèce, et Chrysanthe de Sardes en Lydie. Le divin Julien était tellement attaché à Chrysanthe, qu'il écrivit aux deux philosophes comme à des amis, et les

15. Vers d'Homère.

supplia, comme on supplie les Dieux, de venir et de se réunir à lui.

Ayant appris en outre que Chrysanthe avait une femme, nommée Mélite, cousine de l'auteur de ce livre, et pour laquelle il professait une admiration extraordinaire, Julien, de lui-même et sans que personne en sût rien, lui écrivit de sa propre main une lettre dans laquelle, avec une grande variété d'expressions, il la priait de persuader à son mari de ne point se refuser à ce voyage. Puis, il demanda la lettre destinée à Chrysanthe, y inséra celle-ci, les cacheta toutes deux de son sceau et les fit porter par un seul et même courrier, à qui il adressa de vive voix toutes les recommandations qu'il crut utiles,

Pour fléchir aisément le grand cœur d'Eacide.

Priscus vint et garda une attitude modeste. Il ne manqua pourtant pas non plus de flatteurs, mais il demeura inébranlable ; et, loin d'être ébloui par l'éclat de la cour, il s'efforça de rabaisser le faste impérial et de ramener toutes choses à un état plus conforme à la philosophie.

Chrysanthe, lui, ne se laissa point prendre
à ces piéges et à ces machinations; il consulta
les Dieux, dont la volonté est immuable, et il
s'y soumit. Il écrivit donc à l'Empereur que
c'était uniquement pour lui qu'il restait en
Lydie, et que les Immortels le lui avaient ordonné.

Julien comprit, alors, l'insuccès de l'appel
qu'il avait adressé à Chrysanthe, et il le
nomma, — en lui associant sa femme, —
souverain pontife de Lydie, avec la faculté de
choisir les autres ministres du culte; cela fait,
il partit pour la guerre de Perse. Maxime et
Priscus le suivaient; quelques autres s'ad-
joignirent à eux, ne servant d'ailleurs qu'à
faire nombre et présentant le spectacle d'une
tourbe d'hommes, occupés à se louer eux-
mêmes et gonflés d'orgueil, parce que l'Empereur s'était déclaré heureux de les avoir
rencontrés.

Mais, après que les choses, du faîte de si
grandes et de si brillantes espérances, furent
tombées dans un état d'horrible confusion et
de ruine complète, — comme il a été dit dans
l'histoire détaillée de Julien, — après que Jo-

vien [16] eut, pendant la courte durée de son règne, continué d'honorer les mêmes hommes, après que ce prince eut si rapidement et d'une manière si foudroyante suivi dans la tombe celui qui l'avait précédé sur le trône (la plupart du moins le crurent ainsi), Valentinien et Valens [17] arrivèrent au pouvoir.

On s'empara alors de Maxime et de Priscus, mais d'une façon toute différente de celle dont Julien se les était attachés. Quand ce prince les avait fait venir, son appel avait été solennel et était pour eux le brillant prélude des plus grands honneurs; mais, cette fois, toutes les espérances étaient remplacées par l'évidence du danger : l'humiliation de la chute se lisait profonde et indubitable sur leurs visages. Priscus, toutefois, ne subit aucun mauvais traitement : une déclaration publique le re-

16. Flavius Claudius Jovianus, natif de Pannonie, proclamé empereur à la mort de Julien en 363, mourut dans le temps même qu'il se rendait à Constantinople, pour s'y faire couronner.

17. Le Pannonien Flavius Valentinianus, qui s'était distingué dans les armées sous Julien et Jovien, fut à la mort de ce dernier, en 364, proclamé *auguste* par les troupes en garnison à Nicée. Il s'associa son frère Flavius Valens, à qui il donna l'Orient, se réservant pour lui-même l'Occident.

connut homme de bien, et il retourna en Grèce vers l'époque où, encore enfant, celui qui écrit ceci allait bientôt être compté parmi les éphèbes [18] et commençait à étudier.

Quant à Maxime, de nombreuses clameurs s'élevaient contre lui en public, dans les théâtres, et en particulier devant l'Empereur; et tout le monde était étonné qu'il pût supporter tant de malheurs. Cependant il fut cruellement puni, et on lui infligea une amende telle qu'aucun philosophe n'entendit jamais parler d'une pareille somme : mais on s'imaginait que tout lui appartenait et l'on se repentait même de l'avoir taxé à trop peu de chose. Il fut envoyé en Asie, pour y payer cet argent.

Ce qu'on lui fit souffrir là dépasse toutes les tragédies, et je ne sais quelle voix il faudrait avoir, et quel plaisir il faudrait prendre aux maux d'autrui, pour raconter les douleurs d'un homme aussi considérable. Ce sont des jeux d'enfant que l'enfouissement en usage chez les

18. On donnait ce nom-là, chez les Grecs, aux jeunes gens arrivés à l'âge de puberté.

Perses et le sarclage des femmes chez les Ar-
tabres [19], auprès des tourments que l'on lui fit
endurer.

Son admirable femme était présente et fon-
dait en larmes.

Comme cela ne finissait point, et qu'au
contraire le supplice s'accroissait, « Va, dit-il,
» chère épouse, achète du poison, donne-le moi
» et délivre-moi. »

Elle en acheta, en effet, et l'apporta. Il le lui
demandait pour le boire; mais elle voulut
l'avaler avant lui, et elle tomba foudroyée.
Ses parents l'ensevelirent. Pour Maxime, il
n'avait pu prendre le breuvage.

Ici, il n'y a point d'éloquence, il n'y a point
de louanges, dans toutes celles qu'a imaginées
la nation des poëtes, qui soient à la hauteur
de ce que fit Cléarque.

Ce Cléarque appartenait à une riche famille
de Thesprotie [20] et jouissait d'un renom émi-
nemment illustre. Les choses étant venues à

---

19. Tribu habitant la côte d'Espagne, près du cap Finistère,
Artabrum promontorium.

20. Partie occidentale de l'Epire, où étaient situés l'Achéron et
le Cocyte, et l'oracle de Dodone.

changer, Valentinien se retira en Occident,
tandis que l'empereur Valens, exposé aux plus
grands périls, luttait non pour l'Empire mais
pour le salut de sa propre vie. Procope, en
effet, s'était soulevé avec des forces considérables et le bloquait étroitement de tous côtés,
pour l'amener à une capitulation. Cléarque
avait alors le commandement de toute l'Asie,
depuis l'Hellespont par les frontières de Lydie
et de Pisidie jusqu'à la Pamphylie. Il s'appliquait aux affaires avec beaucoup de bonne
volonté, et était des premiers à exposer sa
personne aux dangers; mais il s'était mis en
opposition directe avec le préfet du prétoire,
au point que l'Empereur ne pouvait ignorer
leur rivalité. Ce préfet était un certain Salutius,
qui avait fait sa fortune sous le règne de Julien. Cléarque lui reprochait son inertie, qui
venait de sa vieillesse, et l'appelait *Nicias* [21].
Toute son occupation en effet, au milieu de
pareilles circonstances, était de planter des
arbres et de fortifier son âme par la lecture et

---

21. Général athénien, au temps de la guerre du Péloponèse,
renommé pour sa lenteur et son peu d'énergie.

l'étude de l'histoire. Cependant les événements tournèrent bien : Cléarque obtint la faveur de Valens qui loin de le destituer de son commandement, lui en confia un plus important, et le créa proconsul de la province que l'on nomme aujourd'hui proprement l'Asie. Elle s'étend à partir de Pergame, le long des côtes, et embrasse toute la portion continentale jusqu'à la Carie; le Tmolus [22] lui sert de limite du côté de la Lydie. C'est la plus brillante des provinces : elle n'est pas ordinairement soumise au préfet du prétoire. A présent, les troubles récents ont tout bouleversé et mis la confusion partout. Mais, alors, Cléarque reçut la province d'Asie dans un état florissant.

Il trouva là Maxime, que l'on appliquait à la question et qui n'en pouvait plus.

Nous voici arrivés à cette action divine, et dont on ne saurait véritablement rapporter le bienfait inespéré qu'à un dieu : tous les soldats qui faisaient l'office de bourreaux infatigables se virent contraints de fuir devant une force

---

22. Le mont Tmolus était célèbre par ses vins. On le nomme maintenant *Tomolttzt.*

supérieure; Cléarque délivra Maxime de ses liens, fit soigner ses blessures, le reçut à sa table, et conquit auprès dé l'Empereur une telle liberté d'allure, que ce prince changea d'avis et accorda à Cléarque tout ce que celui-ci sut lui persuader. Salutius fut révoqué de sa charge, et Auxonius préposé aux affaires du prétoire. Quant aux soldats qui s'étaient faits tortionnaires et à tous ceux qui, dans ces temps malheureux, s'étaient rendus coupables de rapines et d'outrages, Cléarque traita les uns de la même façon, et fit rendre gorge aux autres. Aussi, n'y avait-il qu'un mot dans toutes les bouches : Cléarque est un *second Julien* pour Maxime.

Ce philosophe fit ensuite quelques conférences publiques; mais il n'était pas né pour les succès du théâtre et il en tira peu de gloire. Il rentra bientôt dans sa sphère et se borna aux leçons de l'école. Il recouvra la majeure partie des biens qui lui avaient été enlevés; ce qui fait qu'il devint extrêmement riche, et se retrouva comme il était récemment encore, sous le règne de Julien. Il se rendit alors en grand appareil à Constantinople; et là, il fut de nouveau l'objet du respect de tous, grâce au relèvement de sa fortune.

Quant à la magie, dont il était soupçonné, il s'efforça d'en démontrer l'innocence; et cela même accrut son prestige. Toutefois, ce regain de gloire, qui lui arrivait, lui valut une recrudescence de l'envie la plus basse.

Les courtisans, ayant formé une conjuration et prétextant un oracle vulgaire (il n'est pas donné au premier venu de comprendre à quoi je fais ici allusion), produisirent un autre oracle, beaucoup moins clair, qu'ils attribuèrent à Maxime en l'accusant, sans avouer leurs intentions, d'en être l'auteur, et en exigeant des éclaircissements.

C'était, alors, une opinion reçue que Maxime connaissait seul les secrets des Dieux, tandis qu'ils demeuraient cachés aux autres mortels. Maxime, apportant toute son attention à la chose et pesant toutes les paroles, reconnut bien vite ce que recouvraient les discours de ses ennemis et où était la vérité. Il dévoila donc ce qui était plus exact que toutes les prophéties, à savoir, qu'ils voulaient perdre le prophète, c'est-à-dire lui-même. Et non-seule-

ment il révéla les noms de tous ceux qui étaient
complices de la conjuration, mais, de plus, il
fit connaître les innocents qui étaient voués à
une mort injuste.

Arrachant enfin tous les voiles, il fit cette
déclaration :

« Après le supplice commun, appliqué sous
» des formes diverses à tant d'infortunés, après
» le massacre dont nous serons nous-mêmes
» victimes, l'Empereur périra d'une mort ex-
» traordinaire, et il ne sera honoré ni de la
» sépulture, ni d'un tombeau digne de lui. »

Il en fut ainsi, en effet, et je l'ai raconté
dans mon *Histoire générale* [23].

Les conjurés furent aussitôt saisis, conduits
au supplice et égorgés, comme des poulets dans
une fête, pour un banquet populaire. Mais
Maxime fut arrêté également et mené à Antioche, où se trouvait l'Empereur.

Toutefois, ses ennemis, rougissant de se
souiller du meurtre d'un homme qui avait si
bien prédit ce qui arrivait, qui d'avance avait
flétri les coupables et avait tout annoncé avec

23. Voir la note 23 de la Vie d'Edésius.

la dernière exactitude, ses ennemis, dis-je,
agirent comme s'ils avaient voulu frapper un
dieu incarné dans Maxime. Ils firent venir, en
même temps que lui, en Asie, un certain
Festus, esprit sanguinaire et digne d'un boucher, jugeant sans doute qu'un tel personnage
convénait à la province. Celui-ci, dès qu'il fut
arrivé, exécuta la besogne qu'on lui commandait et y ajouta même du sien, lâchant la bride
à ses instincts de bête fauve et à la rage de
son âme.

Après avoir égorgé un nombre considérable
de coupables et d'innocents, il couronna tant
de meurtres par celui du grand Maxime.

Ainsi se vérifia la prophétie, et il en fut
de même du reste. Car l'Empereur, dans
une grande bataille contre les Scythes,
disparut d'une façon si étrange qu'on ne
retrouva pas seulement un de ses os, pour
l'ensevelir.

Mais le sort fit encore quelque chose de plus
singulier.

Ce Festus (je parle avec certitude, ayant été
témoin de l'événement), dépossédé de sa charge,
alla trouver le nouvel empereur Théodose;

après quoi, il retourna en Asie, où il avait fait un mariage conforme à sa haute position. Là, pour faire parade de l'absolution qu'avaient obtenue ses crimes, il étala un luxe prodigieux, et donna un grand festin aux fonctionnaires et à la noblesse.

C'était le troisième jour des calendes de janvier, selon la manière des Romains de compter les mois. Tous avaient accepté l'invitation de Festus et se prosternaient devant lui. Il s'était rendu au temple de Némésis [24], bien qu'il n'eût guère l'habitude d'honorer les Dieux, puisque c'était pour les punir de leur piété qu'il avait mis à mort toutes ses victimes. Il était allé, néanmoins, au temple; et, de retour, il raconta en pleurant à ses convives la vision qu'il y avait eue.

Voici ce que c'était : il lui avait semblé voir Maxime lui jeter un nœud coulant et l'ç traîner dans les Enfers, pour y plaider sa cause devant Pluton. Tous les assistants, bien que frappés de terreur, en repassant dans leur esprit l'existence de cet homme, essuyèrent à l'envi ses

24. Déesse de la vengeance et du châtiment.

larmes et lui conseillèrent d'adresser ses vœux aux deux Déesses[25].

Festus se laissa persuader et alla prier.

Mais, comme il sortait, ses deux pieds ayant trébuché, il tomba sur le dos et demeura sans voix. Porté dans sa maison, il y expira aussitôt.

Cette mort parut être la meilleure action de la Providence.

[25]. Voir la note 8.

CHAPITRE VII

PRISCUS

'AI eu précédemment l'occasion de parler avec détail de Priscus et de son origine; voici, de plus, quelques particularités sur son caractère.

Il était prudent et dissimulé à l'excès, d'une mémoire dont rien n'approche : il avait l'esprit meublé de toutes les opinions des anciens, et les citait sans cesse. Il était très beau et d'une haute taille; la peine qu'il avait à s'engager dans une dispute l'eût fait prendre pour un ignorant : c'est qu'il gardait sa science comme un trésor. Aussi, traitait-il de prodigues ceux qui manifestent à tous propos leurs sentiments.

Selon ce qu'il disait, la discussion a moins pour effet d'affaiblir le vaincu, que d'émouvoir

et de pousser à bout, en blessant son amour-
propre, celui qui lutte contre la toute-puissance
de la vérité : c'est vouloir faire de lui un ennemi de la raison en même temps que de la
philosophie. Voilà pour quel motif il se contenait le plus souvent.

Ses manières étaient graves et solennelles;
et, non-seulement il les conserva dans ses relations avec ses amis et ses familiers, mais cet
air de dignité l'accompagna toujours, depuis
sa jeunesse jusque dans sa vieillesse.

Chrysanthe disait à celui qui écrit cet
ouvrage que le caractère d'Édésius était
sociable et populaire, et qu'après les luttes
littéraires ce philosophe allait se promener
dans Pergame [1], escorté de ses principaux
interlocuteurs. Le maître s'efforçait d'inspirer ainsi le sentiment de la concorde et
l'amour de l'humanité à ceux de ses disciples
qu'il voyait enclins à l'invective et disposés
à soutenir leurs opinions avec un orgueil
intraitable. Quant à ceux qui essayaient de
s'élever sur des ailes plus grandes et plus

1. Voir la note 10 de la vie de Jamblique.

fragiles que celles d'Icare [2], il ne les précipitait
pas dans la mer, mais il les ramenait sur terre
et parmi les hommes.

Le même philosophe qui donnait un tel enseignement s'arrêtait volontiers, quand il ren-
contrait une marchande de légumes, lui faisait
suspendre sa marche et se mettait à causer
avec elle; parlant du prix de sa marchandise,
du gain qu'elle rapportait à sa boutique, et dis-
courant aussi sur les procédés de culture de
légumes. Il en faisait autant chez le tisserand,
chez le forgeron, chez le charpentier.

Telle était la manière d'être qu'apprenaient
de lui ses disciples les plus attentifs, et, en première ligne, Chrysanthe et tous ceux qui, dans
l'école, se rapprochaient de Chrysanthe.

Seul, Priscus n'épargnait point le maître,
lors même qu'il était présent; il lui reprochait
de trahir la dignité de la philosophie et de
débiter de beaux discours, excellents pour l'éducation de l'âme, mais dont il ne tenait aucun
compte dans la pratique de la vie.

2. On connaît la légende d'Icare, qui s'enfuit de la Crète au
moyen d'ailes attachées avec de la cire, et se noya dans la mer
Egée, pour s'être trop approché du soleil.

Tel qu'il était toutefois, Priscus, même après le règne de Julien, demeura à l'abri de toute persécution; faisant tête aux nombreuses innovations des petits jeunes gens qui se lançaient dans la philosophie avec toute l'extravagance de véritables Corybantes [3], gardant en dépit de tout la gravité de son caractère, et riant de la faiblesse humaine. Il acheva ainsi dans les temples de la Grèce sa longue vieillesse, et mourut à plus de quatre-vingt-dix ans, à une époque où tant de jeunes gens étaient conduits au suicide par le chagrin, où tant d'autres étaient tués par les Barbares.

Parmi ces victimes, on peut citer Protérius, de l'île de Céphalénie, qui, de l'aveu de tous, était un honnête homme.

L'auteur de ce récit a également connu Hilaire, Bithynien de naissance, mais qui avait vieilli à Athènes et qui, outre une instruction distinguée en diverses branches d'études, avait

---

3. Prêtres de Cybèle qui honoraient leur idole par des danses et des contorsions frénétiques, qu'ils exécutaient au bruit des tambours et en frappant des boucliers avec des lances. Ils joignaient à ces démonstrations ridicules d'effroyables hurlements. La plupart étaient des eunuques de Phrygie. Les derviches tourneurs et les derviches hurleurs de l'islamisme reproduisent, aujourd'hui encore, quelque chose de ces insanités.

poussé si loin la philosophie de la peinture qu'il semblait, grâce à lui, qu'Euphranor [1] fût encore vivant. La beauté de ses tableaux m'avait inspiré pour lui une admiration et une affection extraordinaires. Eh bien! Hilaire aussi fut de ceux qui ne purent échapper au malheur commun : saisi en dehors d'Athènes (il habitait près de Corinthe), il fut massacré par les Barbares [5], en même temps que ses esclaves.

Mais cela, s'il plaît à Dieu, sera consigné dans mon ouvrage historique, où je parlerai avec plus de détail, non de chaque personnage en particulier, mais des événements publics.

Ici, j'ai suffisamment développé ce qui regarde chacun.

---

1. Peintre et sculpteur grec, né à Corinthe; il florissait vers 3CO avant l'ère chrétienne. Ses chefs-d'œuvre étaient un tableau de la bataille de Mantinée, des statues de Minerve, de Paris, etc.

5. Eunape parle ici de l'invasion de Goths en Grèce, qui eut lieu vers l'année 396.

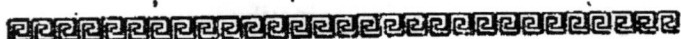

CHAPITRE VIII

JULIEN

L E sophiste Julien de Cappadoce fleurit au temps d'Edésius, et fut en quelque sorte le *Roi d'Athènes*. Car la jeunesse entière affluait de tous côtés vers lui, pleine d'admiration pour son talent oratoire et pour son grand caractère.

La même époque vit quelques autres hommes, enflammés de l'amour du bien, rivaliser de gloire avec lui. Tels furent Apsinès de Lacédémone, qui eut une certaine réputation d'orateur, Epagathus, et toute une série dont on pourrait citer les noms.

Mais Julien les surpassait tous par la grandeur de sa nature, et ceux qui lui étaient in

férieurs l'étaient de beaucoup. Ses nombreux
disciples, qui lui vinrent de partout, pour ainsi
dire, et qui se dispersèrent de toutes parts, ex-
citèrent l'admiration dans tous les lieux où ils
s'établirent. L'élite de ces hommes s'appelait
le divin Prohérésius, Héphestion, Epiphanius
de Syrie, Diophante l'Arabe. Il est bon de ne
pas oublier Tuscianus[1], qui fut admis dans la
familiarité de Julien, et dont j'ai fait mention
dans l'histoire de l'empereur du même nom.

L'auteur a vu à Athènes la maison du philosophe, petite sans doute et de peu de prix,
mais toute pleine du souffle de Mercure[2] et
des Muses, au point de ne différer en rien d'un
véritable sanctuaire. Julien la laissa en héritage à Prohérésius. On y voyait les portraits
de ceux de ses disciples qu'il avait le plus ap-
préciés; on y trouvait également un hémicycle
en pierre lisse, imité des hémicycles publics,
mais plus petit et proportionné à la maison.

Telle était alors, en effet, à Athènes, la division qui existait parmi les citoyens et les

1. Il était originaire de Lydie.
2. Mercure est ici considéré comme le dieu de l'éloquence.

jeunes gens, — division que la ville semblait en-
tretenir dans ses murs à l'instar des anciennes
guerres civiles, — que nul sophiste n'eût osé
aller dans l'assemblée et y exposer publiquement ses doctrines; ils se contentaient de
parler, en baissant la voix, dans les amphi-
théâtres particuliers et enseignaient ainsi la
jeunesse, non au péril de leur vie, mais en
combattant seulement pour des applaudissements et pour le succès de leur éloquence.

Bien des choses ont été couvertes par le silence; aussi, est-il nécessaire de réunir et de
coordonner, dans cet écrit, les témoignages
de toute la science et de toute la sagesse de
notre philosophe.

Dans le cours des dissensions civiles auxquelles nous venons de faire allusion, les plus
hardis des disciples d'Apsinès portèrent une
main violente sur ceux de Julien; et les gens
qui s'étaient ainsi comportés avec une brutalité
toute lacédémonienne ne craignirent pas d'appeler en justice, comme s'ils avaient été lésés
en quelque chose, les victimes mêmes de leurs
sévices qu'ils avaient mises en danger de mort.

L'affaire fut déférée au proconsul, qui fit

montre d'une sévérité excessive, et ne chercha qu'à inspirer la terreur. Il ordonna de saisir et d'enchaîner le maître et tous ceux qui se trouvaient compris dans l'accusation, comme coupables de meurtre. Ce proconsul, pourtant, ne paraissait pas trop ignorant pour un Romain, et ne semblait point avoir été élevé d'une manière trop sauvage et trop étrangère aux arts libéraux.

Julien comparut donc devant lui, cité de la façon que nous venons de voir; Apsinès comparut également, mais sans avoir été appelé et pour prêter son appui à l'accusation. Les débats commencèrent et l'on donna carrière aux poursuivants. Le chef de la bande indisciplinée de Sparte se trouvait être un Athénien du nom de Thémistocle, qui était la cause de tout le mal. Turbulent et présomptueux, il déshonorait le titre qu'il portait.

Dès le début, le proconsul, regardant de travers Apsinès, lui dit :

« Qui t'a fait venir? »

Celui-ci répondit :

« L'inquiétude que j'éprouvais pour mes enfants. »

Le magistrat dissimula sa pensée sous le silence ; alors, on introduisit les battus chargés de chaînes, le maître avec eux, la chevelure longue et le corps en un triste état, au point d'inspirer la pitié à leur juge lui-même. La parole ayant été donnée aux accusateurs, Apsinès se mit à plaider.

Mais le proconsul l'interrompant :

« Les Romains, dit-il, ne l'entendent pas
» ainsi : celui qui est demandeur pour la pre-
» mière accusation doit être défendeur pour la
» seconde. »

La rapidité inattendue de cette procédure avait empêché toute préparation. Thémistocle, qui avait porté l'accusation, se trouvant forcé de parler, changea de couleur, se mordit les lèvres, ne sachant quel parti prendre, et se tourna vers ses compagnons pour leur demander à l'oreille ce qu'il fallait faire. Ils n'étaient venus que pour crier et vociférer, pendant le plaidoyer du maître. Il y avait donc, d'une part, un grand silence, et, de l'autre, un grand tumulte : le silence régnait dans tout le tribunal, le tumulte parmi les poursuivants.

Julien, alors, éleva la voix sur un ton lamentable ;

« Qu'il me soit, au moins, permis de parler »,
dit-il.

Mais le proconsul s'écria :

« La parole ne sera donnée à aucun des
» maîtres qui sont venus, après s'être préparés,
» et aucun des disciples n'aura la permission
» d'applaudir celui qui parlera. Vous allez voir
» à l'instant ce qu'est la justice chez les Ro-
» mains. Que Thémistocle soutienne donc son
» accusation, et que la défense soit présentée
» par celui que tu désigneras, comme le plus
» digne de remplir cette mission. »

Là-dessus, l'accusation resta muette et Thémistocle devint la honte de son nom.

Alors, on donna l'ordre d'élever la voix au
plus capable de porter la parole contre le premier chef d'accusation, et le sophiste Julien
s'exprima en ces termes :

« O proconsul, grâce à ton sens exquis de la
» justice, Pythagore ⁵ Apsinès a appris tardive-

___

3. Allusion au silence que la doctrine de Pythagore imposait à
ceux qui la suivaient.

» ment, mais bien à propos, à se taire; lui qui,
» tu le vois toi-même, a enseigné depuis si
» longtemps à ses disciples l'art d'imiter Pytha-
» gore et de garder le silence. Mais, si tu veux
» que nous nous défendions, ordonne d'abord
» que l'on détache les chaînes d'un de mes
» compagnons, de Prohérésius, et tu verras
» s'il a été élevé dans *l'atticisme* ou dans le
» *pythagorisme.* »

Le proconsul accorda avec bienveillance ce
qu'on lui demandait, ainsi que je l'ai appris
de Tuscianus qui assistait au jugement; et un
des accusés, Prohérésius, délivré de ses liens,
s'avança.

Le maître lui cria d'une voix pleine et
vibrante, comme celle dont se servent ceux qui
appellent et excitent au combat les athlètes :

« Allons, Prohérésius, courage; c'est main-
» tenant le moment de parler. »

Il commença alors son exorde, dont Tuscianus n'avait pas retenu les termes, il se sou-
venait seulement du sens. Il appuya d'abord
sur la pitié que devait inspirer ce que lui et
les siens avaient souffert, et mêla à ce début
quelque éloge de son maître. Dans la suite du

discours, il glissa une phrase de reproche à l'adresse du proconsul; et dans laquelle il démontrait la précipitation dont il avait fait preuve, en soumettant à un pareil traitement des gens qui n'étaient convaincus d'aucun crime. Le magistrat baissa la tête; son esprit était saisi en même temps de la profondeur des paroles, de la facilité et de l'éclat de la diction. Tous auraient voulu applaudir; mais ils étaient frappés de stupeur, comme en présence d'un prodige envoyé par Jupiter, et il régnait un silence tout rempli de mystère.

Prohérésius, ensuite, entama la seconde partie de son exorde et commença en ces termes, que Tuscianus avait conservés dans sa mémoire :

« S'il est permis de commettre toutes les
» injustices, de porter des accusations, et d'ob-
» tenir créance préalablement à toute justifi-
» cation, soit; que cette ville devienne la proie
» de Thémistocle ! »

A ces mots, le proconsul s'élança de son siége; et, secouant son vêtement de pourpre, ce que les Romains appellent une toge, ce juge grave et inexorable applaudit comme un jeune homme l'éloquence de Prohérésius. Apsinès applaudit aussi, bien malgré lui : mais qui peut résister à la force de la nécessité? Le maître, Julien, se contentait de pleurer.

Le proconsul ordonna aux accusés de sortir; puis, il prit à part d'abord le maître de l'accusateur tout seul, ensuite Thémistocle et les Lacédémoniens, et leur rappela les flagellations en usage à Sparte, en y joignant le souvenir de celles qui étaient pratiquées par les Athéniens.

Quant à Julien, il mourut plein de gloire au milieu de ses disciples, à Athènes, et laissa à ses compagnons le sujet d'une grande lutte, pour son éloge funèbre.

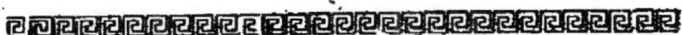

CHAPITRE IX

PROHÉRÉSIUS

'AI suffisamment parlé de Prohérésius dans ce qui précède, et j'ai donné sur lui de nombreux détails, dans mes *Mémoires historiques.* Néanmoins, le moment est venu de traiter ce sujet avec une exactitude plus scrupuleuse encore, pour moi qui ai connu l'homme à fond et qui ai été admis à jouir de sa conversation et de sa familiarité. Quelque grandes, quelque célestes que soient ces faveurs inénarrables, lorsqu'elles viennent d'un maître tel que lui, elles sont certainement bien au-dessous de l'amitié qu'il témoigna à l'auteur de ce livre.

Celui qui écrit ces lignes était passé d'Asie en Europe et était arrivé à Athènes, ayant en-

viron seize ans. Prohérésius avait atteint,
comme il le disait lui-même, sa quatre-vingt-
septième année. A cet âge, il avait encore une
chevelure très abondante et frisée, toute ar-
gentée d'une grande quantité de cheveux blancs,
qui la faisaient ressembler à l'écume de la mer.
Il avait une telle vigueur d'éloquence, son corps
fatigué était si merveilleusement soutenu par
la jeunesse de son âme, que j'en vins à le croire
exempt de la vieillesse et de la mort, et que je
m'attachai à lui comme à un dieu qui, spontanément et sans effort, serait descendu sur la
terre.

J'avais abordé au Pirée, vers la première
veille de la nuit, avec une fièvre violente qui
m'était survenue pendant la traversée. Plusieurs personnes qui m'étaient attachées par
les liens de la parenté avaient fait aussi le
voyage avec moi. A l'heure où nous arrivâmes,
avant de remplir les formalités habituelles, le
patron du navire, qui appartenait à des gens
d'Athènes, se rendit aussitôt dans cette ville.
A l'endroit où l'on débarquait, stationnaient
toujours en grand nombre les partisans dé-
clarés de chaque école. Les autres passagers

s'étaient mis en marche. Pour moi, qui étais
incapable de mettre pied à terre, on me soutint
à tour de rôle, et je fus ainsi porté à la ville.
I Il était minuit, moment où le soleil rend les
ténèbres plus profondes, en se trouvant le plus
au Midi. L'astre était entré dans le signe de la
Balance, et les veillées devenaient plus longues.
Le patron du vaisseau avait été anciennement
l'hôte de Prohérésius : il heurta donc à la porte
de sa maison, et y introduisit une telle foule
d'étudiants qu'à chaque fois que des rixes s'élevaient, à propos de tel ou tel jeune homme,
tous les nouveaux venus paraissaient devoir
remplir l'école du philosophe. Parmi ceux-là,
les uns l'emportaient par la force du corps, les
autres étaient supérieurs par leur richesse, le
reste se trouvait dans des conditions moyennes.
Quant à moi, tristement disposé, j'avais pour
tout bien les livres des anciens dans la mémoire
et sur les lèvres.

Ce fut bientôt une allégresse complète par
toute la maison, des allées et venues d'hommes
et aussi de femmes : les uns riaient, les autres
échangeaient des plaisanteries. En raison de
l'heure, Prohérésius avait fait venir deux de

ses propres parents, pour recevoir les arrivants.
Lui-même était originaire d'Arménie, de la
partie extrême qui touche à la frontière per-
sane. Quant à ses parents, ils s'appelaient
Anatole et Maxime. Ils reçurent les hôtes, les
présentèrent aux voisins et les menèrent au
bain, avec un certain apparat. Aussi, la jeunesse du quartier ne leur ménageait ni les rires
ni les quolibets.

Après le bain, tout le monde se retira ; mais
moi, sous l'influence croissante de mon mal,
je me consumais, n'ayant vu ni Prohérésius ni
Athènes, et croyant avoir rêvé de tout ce qui
faisait l'objet de mes désirs. Mes compatriotes
et les Lydiens étaient fort inquiets ; et, cédant
à la coutume générale de montrer une complaisance exagérée pour les jeunes gens de
mon âge, ils imaginèrent une foule de choses
énormes qu'ils grossirent en récits prodigieux,
si bien qu'un deuil extraordinaire se répandit
dans la ville, comme s'il se fût agi d'une grande
calamité.

Un certain Eschine, qui n'était pas Athénien,
mais dont la patrie était Chio, et qui avait sur
la conscience la mort de beaucoup de gens,

9

non-seulement de ceux qu'il avait promis de
guérir, mais même de ceux qu'il n'avait fait
que voir, pénétra dans le cercle des amis qui
m'entouraient en pleurant, et se mit à crier,
comme je le sus plus tard :

« Laissez-moi, du moins, donner une potion
» à un mort. »

On permit donc à Eschine de tuer celui que
l'on considérait comme perdu. Il m'ouvrit la
bouche avec quelques instruments, et y versa
un breuvage dont il déclara dans la suite la
composition, et de l'efficacité duquel, longtemps après, la Divinité rendit témoignage.
A peine l'eus-je absorbé, que mes entrailles
furent abondamment soulagées. Je revis la lumière et je reconnus les gens de la maison.

Eschine, par cette seule cure, ensevelit la
mémoire de ses erreurs passées, et vit se pros-
terner devant lui celui qu'il avait sauvé et ceux
qui se réjouissaient de sa guérison. Après un
tel succès, Eschine, honoré par tous à l'égal
d'un dieu, retourna à Chio : il avait eu soin,
auparavant, de me donner un remède puissant,
pour me fortifier ; et, dès lors, une solide amitié
unit le sauveur et celui qu'il avait sauvé.

Le divin Prohérésius, qui ne m'avait jamais
vu, avait cependant versé déjà des larmes sur
moi. Lorsqu'il apprit ma guérison, non moins
inespérée qu'incroyable, il convoqua les meilleurs et les plus généreux de ses disciples, ceux
dont on louait surtout la force corporelle, et il
leur dit :

« J'ai éprouvé quelque chose, à propos de
» cet enfant qui vient d'être sauvé ; je ne l'avais
» jamais vu, mais j'ai souffert, en apprenant
» qu'il était perdu. Si vous voulez me faire
» plaisir, allez le purifier au bain public : épar-
» gnez-lui toute raillerie et toute taquinerie,
» et traitez-le aussi délicatement que s'il était
» mon fils. »

Il en fut ainsi, et cela sera raconté avec plus
de détails, dans les *Annales* relatives à l'époque
de Prohérésius.

Toutefois, l'écrivain qui trace ces lignes, persuadé que tout ce qui tient à ce grand homme
n'arrive que grâce à la Providence divine,
ne sera pas entraîné, par son amour pour le
maître, à dire quoi que ce soit de contraire
à la vérité ; car la parole de Platon est certaine, à savoir, que la vérité est la source de

tout bien, pour les Dieux et pour les hommes.

Prohérésius avait, pour en revenir à ce sujet, une telle beauté physique, même dans sa vieillesse, que je doute si quelque autre, étant jeune, avait pu être aussi beau et que j'admire la puissance d'une beauté qui s'étendait, dans un corps si grand, à la forme exquise des moindres détails. Sa taille, en effet, était d'une élévation telle qu'on ne pourrait y croire, à peine même s'en faire une idée. Elle atteignait jusqu'à neuf pieds, lorsqu'il se tenait debout : aussi, avait-il l'air d'un colosse, et fut-il regardé comme dépassant la taille des hommes les plus grands de son temps.

Sa destinée le fit sortir jeune de l'Arménie et le transporta à Antioche [1]. Il ne pouvait songer à se rendre tout de suite à Athènes, car il était affligé d'une extrême pauvreté : bien né d'ailleurs, il était malheureux de ce côté. Il s'attacha donc aux leçons d'Ulpien [2] qui

1. Ancienne capitale des *Séleucides*. On la surnommait la *Reine de l'Orient*.

2. Cet Ulpien ne saurait être le célèbre jurisconsulte du même nom, qui florissait sous Alexandre Sévère et périt assassiné par les prétoriens en 228.

était sans rival dans Antioche pour l'éloquence, s'exerça à la tribune, et se trouva bientôt au premier rang. Il demeura longtemps auprès d'Ulpien; puis, s'étant rendu enfin à Athènes, il se pénétra avec ardeur de l'enseignement de Julien; et, là aussi, il devint le premier.

Héphestion l'avait suivi, et tous deux s'aimaient avec passion, rivalisant de pauvreté et d'éloquence. Ils n'avaient pour eux deux qu'un vêtement et qu'un petit manteau, avec trois ou quatre couvertures, auxquelles le temps avait fait perdre la couleur et l'épaisseur primitives. Il leur restait pour toute ressource d'être un seul homme en deux personnes, comme Géryon [1], dont parle la fable, mais qui avait trois corps : de même, ils étaient à la fois deux et un. En effet, quand Prohérésius paraissait en public, Héphestion ne se montrait pas et demeurait enveloppé dans les couvertures, s'exerçant à l'éloquence. Prohérésius, à son tour, en faisait autant, quand Héphestion sortait; tant était grand le dénûment auquel ils étaient en proie.

[1] Ce géant était roi d'Erythie ou des Baléares, et nourrissait, dit-on, ses troupeaux de chair humaine. Il fut tué par Hercule.

Julien, cependant, avait dans son âme une préférence pour Prohérésius; il l'écoutait de toutes ses oreilles, et admirait la grandeur de son caractère.

Après la mort de ce philosophe, Athènes se passionna pour savoir à qui serait donnée sa succession dans le privilége d'enseigner l'éloquence; et il se présenta tant de gens, pour obtenir cette première place parmi les sophistes, que le dénombrement en serait fastidieux. Tous les suffrages s'accordèrent pour désigner Prohérésius, Héphestion, Epiphanius et Diophante; on leur adjoignit Sopolis, comme par surprise et par suite d'une négligence dans le calcul des votes, et un certain Parnasius, d'une façon moins honorable encore. Car, en vertu d'une loi faite par les Romains, il devait y avoir à Athènes un grand nombre de professeurs et un grand nombre d'auditeurs.

Après les élections, les maîtres les moins recommandables n'en eurent guère que le titre, et leur influence ne s'étendit pas au delà des bancs et de la tribune où ils parlaient : on vit aussitôt la ville se partager entre les plus éminents; et non-seulement la ville, mais tous les

peuples soumis aux Romains, si bien que la
division ne se mit point entre eux pour l'éloquence, mais pour la question de savoir à
laquelle des diverses nations s'adresserait la
parole de chacun d'eux. C'est ainsi que l'Orient
échut comme récompense et sans contestation
à Epiphanius, l'Arabie à Diophante. Héphestion, par respect pour Prohérésius, quitta
Athènes et la société des mortels.

Le Pont et les provinces limitrophes envoyèrent leurs élèves à Prohérésius, témoignant
ainsi leur admiration pour le génie d'un homme
qui était, en quelque sorte, leur compatriote.
Il s'y joignit toute la Bithynie et l'Hellespont,
tout le territoire au-dessus de la Lydie, s'étendant par ce que l'on appelle aujourd'hui l'Asie
vers la Carie et la Lycie, avec la Pamphylie et
le Taurus pour limites. De plus, toute l'Egypte
lui vint comme un héritage naturel du *Royaume
de l'Eloquence*, avec tout ce qui se prolonge au
delà de l'Egypte vers la Lybie sans bornes
connues, et tant que le sol s'y trouve habité.
Je parle là en général ; car, pour descendre
dans le détail, il y avait bien, de temps en
temps, parmi un certain nombre de jeunes

gèns, quelques dissidences; et l'on passait de
l'un à l'autre professeur, selon que l'on avait
été déçu, au commencement, dans le choix
qu'on avait fait.

La grandeur du caractère de Prohérésius fut
cause d'un violent soulèvement de la jeunesse;
et telle fut la force du parti suscité par tous
ses rivaux réunis, qu'ils réussirent à le faire
bannir d'Athènes, après avoir corrompu le
proconsul : c'est de cette manière qu'ils restèrent maîtres du terrain pour la *Royauté de
l'Eloquence.*

Prohérésius, pendant son exil, tomba comme
Pisistrate [4] dans une misère profonde, puis
rentra dans son pays. Les adversaires de ce
philosophe avaient profité de leurs richesses;
lui, était seulement tout à son éloquence,
comme le Mercure d'Homère qui introduisit
Priam dans la tente d'Achille, au milieu de ses
ennemis mêmes [5].

1. Fameux tyran d'Athènes qui s'empara du pouvoir vers 561,
avant l'ère vulgaire. Chassé une première fois en 560, il fut rappelé quatre ans après, et renversé de nouveau en 552. Il ne
parvint à se rétablir définitivement qu'en 539. On lui doit la
révision des poèmes d'Homère.

5. Homère. *Iliade*, chant XXIV, vers 331 et suivants.

Prohérésius, toutefois, eut cette bonne fortune qu'un nouveau proconsul fut placé à la tête de la province et que ce magistrat, informé par la Renommée, s'indigna de ce qui était arrivé. Avec l'autorisation de l'Empereur, l'ostracisme qui avait frappé Prohérésius fut annulé par un vote nouveau, et le philosophe put retourner à Athènes. Ses ennemis, s'agitant derechef comme des serpents et se roulant sur eux-mêmes, se redressèrent ensuite contre lui et préparèrent, en vue de l'avenir, de nouvelles machinations.

Pendant qu'ils étaient absorbés par ces complots, ceux qui travaillaient au retour du maître prirent les devants, et Prohérésius arriva. Je le sais, car les moindres circonstances de l'affaire m'ont été contées par un témoin oculaire, le Lydien Tuscianus, qui aurait pu être Prohérésius, si Prohérésius n'avait pas existé.

En reparaissant ainsi, notre philosophe trouva, comme un autre Ulysse, après une longue absence, quelques-uns de ses compagnons, parmi lesquels Tuscianus, tous sains de corps et d'esprit, et le regardant avec un

étonnement que justifiait l'étrangeté de l'événement. Leur rencontre le remplit de bonnes
espérances.

« Attendez, leur dit-il, le proconsul. »

Celui-ci vint plus tôt qu'on ne croyait. Il se
rendit à Athènes, convoqua les sophistes et
bouleversa tous leurs projets. Ils arrivaient
lentement et comme des gens qui se font tirer
l'oreille. Cependant, la nécessité était là : on
leur proposa des problèmes qu'ils durent ré-
soudre, chacun selon sa capacité; ils obtinrent
les applaudissements qu'ils avaient préparés et
provoqués, puis, ils s'éloignèrent. Les amis de
Prohérésius étaient découragés. Mais le proconsul convoque de nouveau les sophistes pour
décerner les prix; il les fait tous rester de force,
et, inopinément, ordonne qu'on introduise
Prohérésius,

Les sophistes ne savaient ce qui allait se
passer. Alors, le proconsul dit d'une voix re-
tentissante :

« Je veux qu'à vous tous une seule question
» soit posée, et en avoir la réponse de vous
» tous aujourd'hui; Prohérésius parlera, soit
» après vous, soit quand vous le voudrez. »

Les sophistes manifestèrent de la répugnance
pour ce mode de procéder, et Aristide, après
beaucoup de réflexion et avec un grand embarras, — car il leur était impossible de rien
répondre d'approprié, — finit par dire qu'ils
n'étaient point du nombre de ceux qui vo-
missent la parole, mais de ceux qui la tra-
vaillent minutieusement.

Elevant la voix pour la seconde fois, le proconsul s'écria :

« Parle, Prohérésius. »

Celui-ci, de sa place, comme pour préluder
au combat, prononça quelques paroles qui
n'étaient pas sans grâce; puis, haussant le ton
de son improvisation, il se leva plein d'assu-
rance pour commencer la lutte.

En ce moment, le proconsul était prêt à
proposer un argument. Mais Prohérésius,
voyant la multitude de ses ennemis, le petit
nombre de ses amis, qui même cherchaient à
se dissimuler, sentit, non sans raison, son courage l'abandonner. Toutefois, un génie s'agitant en sa faveur et le secondant, il se met à
parcourir du regard le cercle des assistants, et
il découvre, cachés au dernier rang de l'am-

phithéâtre, deux hommes rompus à l'art oratoire, qui avaient été la cause de ses malheurs,
et il s'écrie :

« Grands Dieux ! voici des hommes sages et
« excellents ! C'est à ceux-là, proconsul, que
» tu dois ordonner de me proposer un argu-
» ment. Peut-être, alors, reconnaîtront-ils à
» quel point ils ont été impies. »

Les deux personnages, ayant entendu ces
paroles, tâchaient de se perdre dans la foule
des spectateurs et s'empressaient déjà de disparaître. Mais le proconsul envoya quelques
soldats qui les amenèrent au milieu de la salle ;
et, leur ayant adressé une sorte d'exhortation,
il leur dit de proposer ce qu'on appelle l'argument. Ceux-ci, après une courte délibération
et un colloque de quelques instants, choisirent
le sujet le plus difficile, le plus insignifiant, le
plus absurde, et le moins propre à la pompe
oratoire.

Prohérésius les regarda de travers ; et, se
tournant vers le proconsul :

« Je te supplie, lui dit-il, de m'accorder ce
» que je te demanderai de juste, avant d'en-
» gager l'action. »

· Le proconsul ayant répondu que rien de
juste ne lui serait refusé : « Je demande, dit
» Prohérésius, qu'on me donne deux sténo-
» graphes ⁶ et qu'on place, au milieu de l'am-
» phithéâtre, ceux qui chaque jour recueillent
» les paroles de Thémis ⁷, afin qu'aujourd'hui
» ils prêtent leur concours aux miennes. »

Le proconsul ayant autorisé les plus habiles
d'entre les sténographes à se présenter, ceux-ci
s'établirent de chaque côté, prêts à écrire. Nul
ne savait comment tout cela allait finir.

« Je vais encore demander, dit Prohérésius,
» quelque chose de plus difficile. »

Ayant reçu l'ordre d'indiquer ce qu'il voulait : « C'est, dit-il, que personne ne m'applau-
» disse. »

Le proconsul enjoignit à tous, sous les peines
les plus sévères, de se conformer à cette volonté de l'orateur. Alors, celui-ci commença
de faire couler de ses lèvres un fleuve d'éloquence, en terminant chaque période d'une

6. Il y a dans le texte τοὺς ταχίως γράφοντας, mot à mot, ceux
qui écrivent vite ; d'où nous avons fait, en français, *tachygraphe*
et *tachygraphie*.

7. Les greffiers des tribunaux.

façon éclatante. L'assemblée, qui gardait par
force un silence pythagoricien, emportée par
l'admiration, haletait et mugissait. Cependant
le discours suivait ses développements, et l'orateur s'élevait au-dessus de toute éloquence et
de toute attente humaine. Il passa bientôt à la
seconde partie de la thèse, et se mit en devoir
de remplir les conditions du sujet. Mais, tout
à coup, cédant à une sorte d'enthousiasme et
d'exaltation, il abandonne le reste comme impossible à défendre, et se lance dans la démonstration de la thèse opposée. Les sténographes avaient peine à le suivre, l'assemblée
éprouvait de plus en plus de difficulté à se
taire, et le torrent de la parole coulait sans
cesse.

Tournant alors le visage vers les sténographes : « Regardez avec le plus grand soin,
» s'écrie Prohérésius, si je me souviens bien de
» tout ce que j'ai dit jusqu'à présent. »

Et, sans se tromper d'un mot, il répéta son
discours.

Dès lors, ni le proconsul ne put garder la loi
qu'il avait faite lui-même, ni l'assemblée se
laisser encore arrêter par ses menaces. Tous

les assistants se mirent à embrasser la poitrine du sophiste, comme ils eussent fait à la statue d'une divinité, lui baisant les uns les pieds, les autres les mains, ceux-ci le proclamant dieu, ceux-là le comparant à Mercure, qui préside à l'éloquence.

De leur côté, ses adversaires succombant sous le poids de leur jalousie, gisaient à terre, pour ainsi dire; et quoique écrasés de la sorte, ne pouvaient s'empêcher de le louer. Le proconsul le reconduisit hors de l'amphithéâtre, avec ses gardes et toute sa suite. Après cela, personne n'osa plus parler contre Prohérésius: tous, comme frappés de la foudre, lui cédèrent la palme.

Avec le temps, cependant, ses ennemis, comme les têtes de l'Hydre *, repoussèrent; ils revinrent à leur naturel primitif et se rassemblèrent de nouveau. Ils eurent des festins somptueux, avec de jolies petites servantes qui attirèrent alors, dans leurs filets, quelques-uns des beaux jeunes gens d'Athènes. En cela, ils

8. L'hydre de Lerne, en Argolide, née de Typhon et d'Echidna. Chacune de ses sept têtes renaissait après qu'on l'avait coupée. Hercule l'extermina.

suivaient l'exemple des rois qui, vaincus en
bataille rangée, réduits aux abois, poussés aux
dernières extrémités, ont recours aux troupes
légères, aux frondeurs, à la masse sans valeur
des auxiliaires, qu'ils avaient méprisés dans le
commencement, mais que la nécessité leur fait
estimer ensuite. Ainsi, les ennemis de Prohérésius, épouvantés, avaient cherché un secours
indispensable; ils dressaient, il est vrai, des
piéges honteux, mais ils échappaient néanmoins à tout reproche, s'il est permis d'être en
paix avec sa conscience, en faisant le mal dans
son propre intérêt.

Ils avaient donc recruté un grand nombre
de partisans, et leurs manœuvres avaient le
succès qu'ils avaient prévu. Mais l'influence
qu'exerçait Prohérésius était une sorte de
royauté, et la vertu de ses discours faisait merveille. Tous les hommes d'intelligence s'atta-
chaient à lui; et, parmi les autres, ceux qui
suivaient son enseignement y gagnaient de devenir intelligents aussi.

Vers ce temps, la cour impériale mit en
relief un homme épris de gloire et d'éloquence.
Il était de Béryte et s'appelait Anatolius. Ses

envieux lui avaient donné le surnom d'*Aju-*
trion, dont je laisse à l'engeance effrontée des
gens de théâtre le soin d'apprendre la signifi-
cation. Passionné, comme je viens de le dire,
pour la gloire et pour l'éloquence, Anatolius
obtint l'une et posséda l'autre. Il parvint aussi
au sommet de la science que l'on nomme ju-
risprudence : n'avait-il pas pour patrie Béryte²,
qui est comme la mère-nourrice, au sein de
laquelle on va puiser les études de cette nature? Il se rendit à Rome, y fit provision de
sagesse, et y acquit une éloquence à laquelle
ne manquaient ni l'élévation ni la solidité. Il
sut promptement faire son chemin à la cour,
et ne tarda point à y briller au premier rang.
Il fut revêtu de tous les honneurs, se distingua
dans la plupart des charges qu'il remplit, à la
grande admiration de ses ennemis eux-mêmes,
et fut enfin promu aux fonctions de *préfet du*
prétoire, qui, en réalité, sont l'Empire sans la
pourpre. . .

2. Aujourd'hui Beyrouth; ville de Phénicie, au nord de Sidon.
Elle reçut sous Auguste le nom de *Julia Felix*. L'école de droit,
qui y fut fondée au troisième siècle et qui devint célèbre dans
tout l'Empire, fut détruite en 634 par l'invasion arabe.

La Fortune lui avait donné toutes les satis-
factions qu'il avait ambitionnées et dont il
etait digne. Il avait reçu, en effet, sous son autorité la préfecture d'Illyrie. Et, comme il était
attaché au culte ancien et qu'il inclinait fortement vers l'*Hellénisme,* — bien qu'en général
les esprits penchassent alors du côté opposé,—
il aurait pu visiter les parties principales de son
gouvernement et administrer chacune d'elles,
selon sa volonté. Mais, possédé comme d'une
sublime folie de voir la Grèce, de recueillir et
de coordonner par la perception les idées qui
sont le fond de l'éloquence, et de repaître ses
yeux du spectacle que l'imagination se forge
d'après les fantômes de l'antiquité, il se dirigea
en toute hâte vers ce pays.

Il envoya d'abord aux sophistes un problème, à la solution duquel il ordonna à tous
de travailler. La Grèce était saisie d'admiration,
en présence de cet homme, de sa réputation
de sagesse et de savoir, d'inflexibilité et d'in-
corruptibilité. Les sophistes cependant s'exerçaient de leur mieux, et, chaque jour, se
dressaient de mutuelles embûches. Enfin, car
la nécessité l'exigeait, ils se réunirent; et, après

avoir échangé de nombreux arguments pour
et contre, en vue de ce qu'ils appellent la position du problème, chose des plus ridiculés
que je connaisse, ils commencèrent à disputer
les uns avec les autres, chacun par amour-
propre soutenant son opinion personnelle et
la défendant avec obstination, auprès de ses
jeunes élèves.

La descente-d'Anatolius, en Grèce, devenait
un événement plus redoutable que la fameuse
expédition des Perses tant célébrée ; le danger
était imminent, non pour les Grecs, mais pour
les sophistes. Aussi tous ces gens-là, parmi
lesquels se trouvait le sophiste Himérius [10] de
Bithynie, que je n'ai connu que par ses écrits,
se donnaient-ils un mal énorme et s'impo-
saient-ils un travail considérable pour établir
le problème, chacun selon la façon dont il le
comprenait.

Prohérésius, fort de son génie, les inquiétait
beaucoup, parce qu'étranger à tout sentiment

10. Né à Pruse en Bithynie. Il professa la rhétorique à Athènes,
au temps de l'empereur Julien, et se montra grand ennemi du
Christianisme. Il reste de lui des *Déclamations*, publiées à
Goettingen en 1790.

d'ambition il ne mettait personne dans le secret de ses méditations.

Cependant Anatolius approchait, et arriva enfin à Athènes. Après avoir accompli bravement les sacrifices et parcouru tous les sanctuaires, comme le prescrivaient les rites sacrés, il convoqua les sophistes pour la lutte annoncée. Chacun de ceux qui devaient y prendre part avait hâte de se mettre le premier en évidence: tant l'homme est un être égoïste! Anatolius riait de voir la foule des jeunes gens qui avaient mission de les applaudir, et avait pitié des pères, dont les enfants recevaient une pareille éducation. Il fit venir Prohérésius qui, seul, était demeuré à l'écart. Celui-ci s'était concilié la bienveillance d'un des familiers d'Anatolius, au courant de tout, et avait appris de lui la manière dont son patron entendait que le problème fût posé.

Ce problème, je l'ai dit plus haut, était une chose ridicule. Bien qu'il n'eût aucune importance, Prohérésius ne voulut pas laisser, même sur ce point, la victoire à Anatolius. Il répondit donc immédiatement à l'appel de son nom; et, comme il avait, en vue de la lutte, disposé

tous ses arguments pour sa démonstration, il
poussa si loin l'élégance de son discours,
qu'Anatolius s'élança de son siége, que l'amphithéâtre fut près de crouler sous le bruit des
cris d'enthousiasme et des applaudissements,
et qu'il n'y eut personne qui ne regardât Prohérésius comme un dieu.

Anatolius l'honora alors d'une façon toute
particulière, et jugea les autres à peine dignes
de s'asseoir à sa table. Car Anatolius était du
nombre des sophistes qui aiment la bonne
chère et les festins, et les repas qu'il donnait
ne manquaient ni des charmes de la conversation ni de ceux de la science.

Tout cela remonte à un temps déjà éloigné;
mais l'auteur de ce livre a pu compléter très
exactement ce que la tradition lui avait appris.

Anatolius professa aussi une grande admiration pour Milésius, qui était de Smyrne dans
l'Ionie, et que la Nature avait merveilleusement doué, mais qui se jeta dans une vie de
paresse et de désœuvrement, s'attacha aux sacrifices, négligea le mariage, et se donna tout
entier à la poésie et à la musique, particulièrement à tout ce qui, dans la poésie, obtient

l'approbation des Grâces. Il séduisit tellement Anatolius que celui-ci le surnomma *la Muse.*

Il appelait les questions du sophiste Epipha‑nius des *diérèses* [11], pour se moquer de la mi‑nutie et de l'exactitude poussée à l'excès du professeur. Raillant les dissidences de tous, au sujet de la position du problème, il disait :

« Si les sophistes avaient été plus de treize,
» ils eussent bientôt trouvé d'autres démonstra‑
» tions, pour envisager sous des formes mul‑
» tiples une seule et même question. »

Prohérésius était le seul de tous qu'il admirât sans réserve.

Peu de temps auparavant, notre philosophe avait été appelé dans les Gaules par l'empereur Constant [12]. Il fit à ce point la conquête de César que celui-ci l'admit à sa table, parmi les personnages les plus considérables. Les hommes de ce pays et de cette époque ne pouvaient pénétrer la profondeur de son éloquence ni admirer les beautés mystérieuses de son âme.

11. En grammaire grecque, division d'une diphthongue en deux syllabes.

12. C'était le troisième fils de Constantin le Grand; il lui succéda en 337, avec ses deux frères Constantin et Constance

Leur enthousiasme se rabattait donc sur ce qu'ils voyaient et sur ce qui frappait leurs regards; et ils étaient en extase devant la beauté de son corps et la hauteur de sa taille, le considérant avec stupeur comme quelque statue colossale : tant, chez lui, tout cela était au-dessus de l'humain. La force, dont ils lui voyaient faire preuve, leur faisait supposer qu'il était insensible à tout, et véritablement de fer : il n'avait, en effet, qu'un léger manteau, allait nu-pieds et faisait volontiers ses délices de l'hiver gaulois, buvant presque le Rhin glacé. Toute sa vie, d'ailleurs, il ne connut l'usage d'aucune boisson chaude.

Constant l'envoya dans la grande Rome, désireux de montrer à quels hommes il commandait. Mais les Romains n'avaient rien à admirer, tant, chez eux aussi, tout dépassait la nature humaine. Cependant, ils distinguèrent en lui des mérites variés, obtinrent ses louanges, et, en reconnaissance, lui élevèrent une statue d'airain de grandeur naturelle, avec cette inscription :

AU ROI DE L'ÉLOQUENCE,
ROME, REINE DU MONDE.

Lorsque Prohérésius fut sur le point de retourner à Athènes, l'Empereur l'autorisa à lui
demander un présent. Celui-ci, ne voulant pas
déroger à la grandeur de son caractère, demanda des îles qui devaient payer à Athènes
un tribut de blé. Il en désigna plusieurs et non
pas les plus petites. L'Empereur les lui donna,
et y ajouta même une des plus hautes dignités:
il lui confia ce qu'on appelait la *préfecture des
camps,* afin que personne ne pût reprocher au
philosophe d'avoir obtenu de si grandes richesses, aux dépens de l'Etat.

Mais le soin de confirmer ce privilège appartenait au préfet du prétoire, et il venait juste-
ment d'arriver de la Gaule. A la suite des
combats d'éloquence dont j'ai parlé plus haut,
Prohérésius alla donc trouver Anatolius et sol-
licita de lui la confirmation de la faveur impériale. Il ne se borna pas à invoquer l'appui de
ses patrons, il fit encore appel à presque tous
ceux qui, en Grèce, avaient quelque instruction. Son retour, du reste, en avait amené à
Athènes une nombreuse affluence.

Comme le théâtre était plein et que Préhé-
résius réclamait l'intervention de ses patrons,

le préfet, devançant l'attente de tous les assistants et voulant éprouver la force d'improvisation du philosophe, lui dit :

« Parle, Prohérésius, car il serait honteux
qu'en ta présence un autre prît la parole et
louât l'Empereur. »

Alors, Prohérésius, comme un cheval appelé
à entrer dans la carrière, commença à discourir
sur le présent que lui avait fait César, et introduisit dans sa harangue Célée, Tripto'ème [13], et
la venue de Cérès apportant le don des mois-
sons. Puis, il rattacha à son récit celui de la
faveur impériale et arriva promptement à célébrer l'antique splendeur et la munificence du
bienfait accordé. Enfin, l'enthousiasme débor-
dait de ses lèvres et il montra tout son art dans
la manière dont il traita son sujet. La grandeur
du présent fit bien voir, d'ailleurs, le prix
qu'on attribuait à son éloquence.

Après ces événements, il épousa une femme
de la ville de Tralles, en Asie : elle se nommait
Amphiclée. Il eut d'elle deux petites filles, dont

13. Fils de Célée, roi d'Eleusis; il reçut de Cérès l'initiation à
la culture du blé, transmit cet enseignement à ses sujets et
institua les *mystères d'Eleusis.*

l'âge différait seulement du temps nécessaire
pour la gestation. Elles étaient arrivées à cette
époque de la vie où un enfant est une chose
pleine de charmes et une source de félicité
pour le père, dont l'âme est doucement ébranlée
par les plus délicieuses émotions du plaisir,
lorsque toutes les deux, dans l'espace de quelques jours, furent enlevées par la mort à leurs
parents. Prohérésius en pensa perdre le sentiment et la raison. La muse de Milésius put,
seule, remédier à ce mal : se parant de grâces
harmonieuses et multipliant les séductions de
ses chants, elle rappela le malheureux père à
lui-même.

Plus tard, les Romains ayant demandé à
Prohérésius de leur envoyer un de ses disciples
particuliers, il leur adressa Eusèbe, qui était
d'Alexandrie et dont le caractère devait s'har-
moniser parfaitement avec une ville comme
Rome : il avait, en effet, l'habitude de la flatterie
et savait faire le chien couchant auprès des
grands. Aussi, à Athènes, il était considéré
comme un factieux. Mais Prohérésius avait
voulu grandir sa propre réputation par l'envoi
d'un homme rompu aux petites intrigues de la

politiquè; càr, en ce qui touche l'éloquence
d'Eusèbe, il suffira de dire qu'il était Egyptien.
Les gens de ce pays sont devenus, il est vrai,
fous de poésie, mais le sérieux Mercure les a
abandonnés.

Eusèbe eut pour rival Musonius, son élève
dans l'art des sophistes, dont j'ai parlé longue-
ment, à un autre point de vue, dans mes
Annales. Lorsque Musonius se leva pour
prendre la parole contre son maître, sachant
à qui il avait affaire, il se lança du premier
coup dans la politique. Mais, sous le règne de
Julien, il fut exclu de sa chaire, parce qu'il
passait pour être chrétien. C'est lui qui, voyant
l'hiérophante, comme un véritable trépied
delphique, exposé aux questions de tous
ceux qui demandaient à savoir l'avenir, sur-
prit au moyen d'une ruse extraordinaire la
connaissance de ce qui allait se passer. L'Empereur, à ce moment, faisait arpenter les
terres des *Hellénisants* en vue de l'assiette
des impôts, afin qu'ils ne fussent pas trop
grevés. Prohérésius pria Musonius de s'informer auprès des Dieux si cette générosité
serait durable. Celui-ci s'y étant refusé, il

sut alors ce qui allait arriver, et fut plus
tranquille.

C'est vers ce temps que l'auteur de cet ouvrage, âgé de seize ans environ, débarqua à
Athènes et prit rang parmi les disciples de
Prohérésius. Il fut aimé par lui, comme s'il
eût été véritablement son fils. Cinq ans plus
tard, j'allais faire voile pour l'Egypte, lorsque
mes parents me rappelèrent et me contrai-
gnirent de retourner en Lydie, pour y pro-
fesser l'art des sophistes, ainsi que tout le
monde m'y conviait.

Prohérésius, lui, quitta la terre peu de jours
après.

On peut dire que ce grand homme avait
rempli l'univers de la renommée de son éloquence et de celle de ses disciples.

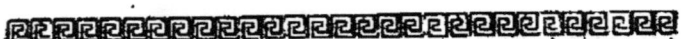

CHAPITRE X

ÉPIPHANIUS

'ÉTAIT un Syrien, très habile dans l'art de discerner les questions, mais qui manquait d'énergie dans la parole. Cependant, il exerça en même temps que Prohérésius et parvint à avoir beaucoup de réputation.

C'est que la nature humaine n'aime point à concentrer son admiration sur un seul objet : portée à la jalousie, elle en devient esclave et se plaît souvent à opposer le premier venu aux grandes personnalités et aux génies supérieurs, en vertu du principe des contraires qu'elle emprunte à la physique.

Epiphanius mourut d'une hémorrhagie, sans être parvenu à une vieillesse avancée. Son épouse, qui était la plus belle des femmes de son temps, périt victime de la même maladie.

Ils n'avaient pas eu d'enfants.

Je n'ai point connu, Epiphanius; il était mort longtemps avant mon voyage en Grèce *.

* Eunape, comme il le dit plus haut, à la fin de la Vie de Prohérésius, entreprit ce voyage à l'âge de seize ans et ne revint en Lydie qu'au bout de cinq années.

CHAPITRE XI

DIOPHANTE

IOPHANTE était né en Arabie et sut conquérir sa place parmi les maîtres de l'art. Le même esprit de dénigrement, naturel aux hommes, l'opposa à Prohérésius, comme si l'on eût voulu mettre Callimaque [1] en face d'Homère. Mais Prohérésius ne fit qu'en rire et trouva, dans cette opinion, un sujet de conversation sur ce qu'est l'humanité.

J'ai connu Diophante et j'ai souvent assisté

1. Poëte grec né à Cyrène, dans le quatrième siècle avant Jésus-Christ, mort vers 270. Après avoir d'abord enseigné la littérature à Eleusis, il fut appelé à Alexandrie par Protémée Philadelphe et y eut pour disciple Apollonius de Rhodes. Il ne reste de ses nombreux ouvrages que quelques hymnes, des fragments, des épigrammes, l'*Ibis*, poëme imité par Ovide, et la *Chevelure de Bérénice*, traduite par Catulle.

à ses leçons publiques. Je n'ai pas cru devoir ici consigner rien de ce qu'il a dit et que j'ai retenu; car ce livre est consacré à la mémoire des hommes illustres et ne saurait devenir une moquerie.

On dit, toutefois, qu'il prononça une oraison funèbre en l'honneur de Prohérésius, qui mourut avant lui, et qu'il s'exprima à peu près en ces termes, à propos de Salamine [2] et des guerres médiques :

« O Marathon et Salamine! c'est maintenant que le silence est sur vous. Quelle trompette de vos trophées vous avez perdue! »

Diophante [3] laissa deux fils qui se plongèrent dans le luxe, et ne songèrent qu'à s'enrichir.

2. On sait que c'est là que Thémistocle détruisit la flotte perse.

3. Il y avait un mathématicien de ce nom qui vivait à Alexandrie, à peu près dans le même temps. Il passe pour l'inventeur de l'algèbre.

CHAPITRE XII

SOPOLIS

Aı maintes fois entendu Sopolis. Il s'efforçait de ramener l'éloquence à son caractère antique et essayait d'atteindre à la saine culture de la Muse. Mais il frappa souvent à la porte, et ne réussit que rarement à l'ouvrir. Si, de temps à autre, elle tournait tant soit peu sur ses gonds, un faible et léger souffle de l'esprit divin se glissait alors par la fente et tout l'auditoire était enthousiasmé, ne pouvant supporter même cette goutte de rosée, prise à la source de Castalie *.

Sopolis eut un fils qui, dit-on, monta aussi en chaire.

---

* Fontaine consacrée aux Muses, qui en prirent le nom de *Castalides*. Elle était située en Phocide, au pied du Parnasse.

CHAPITRE XIII

HIMÉRIUS

L A Bithynie donna naissance à ce sophiste [1], inconnu à l'auteur de ce livre, bien qu'il ait vécu à la même époque. Il se rendit auprès de l'empereur Julien pour faire ses preuves devant lui, avec l'espoir d'être bien vu de ce prince, qui nourrissait alors un certain ressentiment contre Prohérésius [2].

Julien ayant quitté ce monde, Himérius continua ses pérégrinations. Mais, après la mort de Prohérésius, il alla à Athènes.

1. Ainsi que nous l'avons dit précédemment, il ne nous reste de lui que des *Déclamations*, publiées à la fin du siècle dernier.

2. Il n'avait pas toujours pensé de même, car il existe encore de lui une lettre, dans laquelle il le qualifie de grand homme et d'émule de Périclès.

Sa parole était facile et harmonieuse; quant à sa construction oratoire, elle a un certain éclat et un retentissement vraiment digne de la tribune politique; et même, de loin en loin, il s'élève au niveau du divin Aristide [1].

Frappé, dans une extrême vieillesse, d'une attaque d'épilepsie, il mourut, laissant une fille.

---

[1] Orateur grec, qui vivait du temps de l'empereur Marc-Aurèle. Il était disciple d'Hérode Atticus et enseigna la rhétorique à Smyrne. On possède de lui des discours et quelques écrits intéressants.

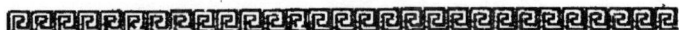

CHAPITRE XIV

PARNASIUS

A cette même époque, Parnasius occupait aussi une chaire d'enseignement. Il serait facile de compter
ses élèves.

. Néanmoins, il n'est pas sans avoir eu une
certaine réputation*.

---

* Cette vie de Parnasius paraît bien écourtée. Peut-être y
a-t-il une lacune dans le texte? A moins qu'Eunape n'ait voulu
consacrer à ce sophiste que quelques lignes, pour mieux faire
sentir sa médiocrité.

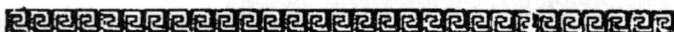

CHAPITRE XV

LIBANIUS

ıʙᴀɴıᴜs naquit à Antioche, la pre-mière des villes de la Célésyrie[1], fondée par le célèbre Séleucus Ni-cator[2]. Il descendait d'une famille noble et était compté parmi les principaux de la cité.

Jeune encore et ne dépendant que de lui-même, par suite de la mort de ses parents, il se rendit à Athènes. Mais il ne voulut ni s'at-tacher à Epiphanius, bien qu'il fût son compa-triote et qu'il jouît d'une grande réputation,

1. *Syrie Creuse.*

2. Un des généraux d'Alexandre; il est le chef de la dynastie des *Séleucides,* et fonda le royaume de Syrie. Il fut tué par Ptolémée Céraunus en 280.

ni suivre les leçons de Prohérésius, craignant de demeurer trop obscur au milieu d'un nombre si considérable de disciples et d'être effacé par la gloire de tels maîtres. Pris au piége par les Diophantéiens, il s'attacha à Diophante. Mais, comme le racontent des gens qui connaissaient parfaitement l'homme, il s'aperçut bientôt du tour qu'on lui avait joué; alors, il fréquenta le moins possible l'école et les réunions, et se garda bien d'importuner le professeur. Il s'adonna à l'étude de la déclamation, prit pour modèle l'ancienne forme de débit et y habitua sa respiration et sa parole.

Ceux qui lancent souvent le javelot visent juste et atteignent parfois le but; et la continuité de l'exercice, en assouplissant leurs organes, les rend la plupart du temps habiles, mais non point savants. De même Libanius, consacrant tout son zèle et toute son étude à l'imitation, s'attacha et se frotta, pour ainsi dire, aux maîtres les plus illustres de l'antiquité; il suivit ceux qu'il fallait suivre, marcha sur les traces des meilleurs modèles et recueillit sur cette route les fruits qu'il était en droit d'attendre.

Plein de confiance dans son talent de parole,
et se persuadant qu'il pouvait être mis en pa-
rallèle avec les orateurs les plus fiers du rang
qu'ils occupaient dans leur art, il résolut de ne
pas rester caché dans une petite ville et de ne
point tomber au même degré de mépris qu'elle :
il se rendit donc à Constantinople, qui, récemment agrandie et devenue florissante, avait
besoin d'hommes pour l'illustrer par leurs
écrits et leurs discours. Il ne tarda guère à y
briller, grâce à l'excellence et à l'agrément de
ses leçons, ainsi qu'au charme qu'il déploya
dans ses développements oratoires.

Victime, à propos de ses jeunes élèves, d'une
calomnie qu'il ne me convient pas de rapporter
ici, où je ne m'occupe que des choses dignes
d'être transmises à la mémoire, il dut quitter
Constantinople et alla s'établir à Nicomédie[3].
Mais le bruit accusateur l'avait suivi et avait
même couru plus vite que lui; bientôt expulsé
de là aussi[4], il retourna après quelque temps

---

[3]. Ville de Bithynie où mourut Annibal. Elle était devenue si
importante, que Constantin eut un moment l'idée d'en faire la
capitale de l'Empire.

[4]. Ses ennemis l'avaient accusé de *magie* et étaient parvenus
à le faire exiler.

dans sa patrie et dans sa ville natale, où il
acheva sa vie qui fut très longue.

J'ai fait mention de lui, comme il convenait,
dans les livres consacrés à Julien; néanmoins,
j'aborderai ici les détails qui le concernent.

Aucun de ceux qui ont approché Libanius,
et qui ont été admis dans son intimité, n'a été
exempt en quelque sorte de ses morsures[5]. Il
est vrai qu'il connaissait de prime abord le caractère de chacun, et se rendait de suite compte
si son âme était portée vers le bien ou vers le
mal. Il était si habile à exprimer et à repré-
senter le naturel de tout le monde, qu'à côté
de lui le polype n'est qu'une plaisanterie : en
un mot, il n'était pas un de ses compagnons
qui ne crût voir un autre lui-même. Ceux qui
en avaient fait l'expérience, le comparaient à
un tableau ou à une représentation de toutes
sortes de mœurs et de caractères variés; et l'on
n'a jamais pu discerner, dans le conflit d'un si
grand nombre de natures diverses, quelle était
celle qu'il préférait. Dans des rôles tout à fait
opposés, il recevait les éloges de gens qui sui-

5. Ce qui caractérisait surtout son talent, c'était l'ironie.

vaient un genre de vie contraire, et chacun croyait avoir réussi à se faire approuver de lui: tant sa personnalité était multiple et inconstante.

Il n'eut aucun souci du mariage; toutefois, il vécut avec une femme qui n'était point de même condition que lui.

Sa parole, dans les déclamations oratoires, était dépourvue de toute vigueur, pour ainsi dire morte, et sans souffle; et il paraît bien n'avoir pas eu de maître : car il ignorait la plupart des choses les plus élémentaires, en fait d'art oratoire, et ce que savent les enfants mêmes. Mais, dans le genre épistolaire et dans les autres formes de l'éloquence, il s'anime suffisamment et s'élève à la hauteur des modèles de l'antiquité. Ses écrits sont pleins de grâce et de verve comique, l'élégance est de tous côtés répandue dans ses discours; et la douceur, le charme qu'en général les Syro-Phéniciens possèdent dans la conversation courante, se trouvent être, chez lui, le fruit de l'éducation.

Ce sont ces qualités que les *Attiques* appellent la raillerie fine et l'esprit de la ville. Libanius

les a cultivées, comme la partie la plus importante de l'art. Il s'est laissé complétement entraîner à tirer de la Comédie ancienne la forme
de son éloquence, qui consiste particulièrement
dans ces bagatelles de la porte⁶, propres à séduire les oreilles. On rencontre dans ses productions une surabondance d'érudition et de
lecture, avec des expressions beaucoup trop
recherchées. Il se serait bien gardé de passer
sous silence les *Arbres* d'Eupolis⁷, *Laïspodias*
et *Damasias*, s'il avait su de quels noms on les
appelle aujourd'hui. Lorsqu'il se trouve un mot
extraordinaire et que son antiquité a laissé dans
l'oubli, il le nettoie ainsi qu'un vieil ex-voto,
il le met en évidence, le pare, lui donne de la
valeur, et l'établit en quelque sorte sur un
fondement nouveau; il le fait alors suivre de
pensées appropriées, comme on voit de jeunes
servantes et des femmes de chambre marcher
derrière une maîtresse récemment enrichie, et

6 Il y a dans le grec : κατὰ θύραν, sur la porte.

7. Poète de l'*Ancienne Comédie* d'Athènes, vers le milieu du
cinquième siècle avant Jésus-Christ. Sa vie et ses œuvres sont à
peu près inconnues. Il périt, dit-on, dans la guerre du Péloponèse.

sur la personne de qui elles ont effacé les traces
de la vieillesse.

De pareilles qualités ont fait admirer Libanius par le divin Julien [8], et tout le monde a
partagé cette admiration pour la grâce de son
éloquence. Il reste de lui un grand nombre de
livres [9]; et tout homme intelligent, qui les lira,
se pénétrera de cette grâce.

Libanius était capable aussi de se mêler des
choses de la politique; et, outre l'art oratoire,
il était de force à essayer et à mener facilement
à bonne fin des œuvres, destinées aux plaisirs
du théâtre.

Les Empereurs qui se succédèrent après
Julien, lui offrirent les plus hautes dignités : ils
voulurent même lui donner le titre purement
honorifique de *préfet du palais;* mais il refusa,
disant qu'il trouvait plus grand d'être *sophiste* [10].
Et ce n'est pas un mince sujet de louange, pour

8. Cet empereur l'avait en si haute estime, qu'il le traitait toujours de *très cher frère,* en lui écrivant.

9. Nous n'avons plus aujourd'hui que des *Harangues,* des
Lettres et des *Fragments.*

10 Julien avait voulu déjà le nommer *questeur,* comme le
prouve une lettre de ce prince qui commence ainsi : *A Libanius, sophiste et questeur.*

lui, qu'un homme, qui était loin de dédaigner
la gloire, ne se soit laissé captiver que par l'art
oratoire, et n'ait considéré toute autre renommée que comme une chose vulgaire et de
mauvais goût.

Il mourut dans une vieillesse très avancée,
laissant à tous le sentiment d'une profonde
admiration pour lui.

Celui qui écrit ces lignes ne l'a point connu
personnellement, la malignité de la Fortune
l'ayant retenu d'un autre côté, par divers em-
pêchements.

CHAPITRE XVI

ACACIUS

ÉSARÉE de Palestine [1] donna le jour à Acacius, qui fut contemporain de Libanius. C'était un orateur plein de la vigueur et du souffle des sophistes, s'il en fût jamais, et sa diction sonore rappelait la manière des anciens.

Elevé en compagnie de Libanius, il rivalisa avec lui pour le premier rang, et l'emporta de beaucoup.

Libanius écrivit un petit traité sur les *Dons naturels* [2], qu'il dédia tout entier à Acacius, et dans lequel il attribue clairement sa défaite à

---

1. Résidence des gouverneurs romains de Judée.
2. Ouvrage perdu.

la nature supérieure du génie de celui-ci : il
s'y rend à lui-même le témoignage qu'il a toujours su mettre en place et employer exactement chaque expression.

Il feint sans doute d'ignorer qu'Homère
ne s'est point uniquement préoccupé de
la métrique, mais aussi de l'euphonie et
de l'harmonie, et que Phidias [3] ne s'est
pas borné davantage à modeler un doigt
ou un pied pour rendre sa Déesse [4] digne
de toutes les louanges, mais qu'il a cherché
surtout à forcer l'admiration, sans qu'on
pût facilement trouver et discerner la cause
qui entraînait les juges de son œuvre à l'admirer.

C'est ainsi que, dans les corps dont la beauté
excite l'amour, tous n'admirent point la même
chose, et que celui qui est pris ne sait pas
par quoi il a été pris.

Acacius, après s'être élevé aux plus hautes
régions de l'art et s'être acquis une renommée

---

3. Surnommé l'*Homère de la Sculpture*. Il vivait sous
Périclès.

4. Minerve, dont la statue d'or et d'ivoire ornait le Par-
thénon.

considérable, qui l'eut placé au-dessus de Libanius, mourut jeune encore.

Les connaisseurs l'estimèrent autant que s'il était arrivé à la vieillesse.

CHAPITRE XVII

NYMPHIDIANUS

Nymphidianus était de Smyrne[1]. Il eut pour frères le philosophe Maxime et Claudien[2], qui se distingua également dans la philosophie.

Il n'eut part ni aux études ni à la vie athéniennes; mais il avait des dispositions naturelles pour l'art oratoire; et, à ce titre, il mérite d'avoir un nom parmi les sophistes.

L'empereur Julien lui confia la responsabilité du langage impérial, en le chargeant de la ré-

1. C'était, à cette époque, la ville la plus florissante de l'Asie Mineure. On la citait surtout pour ses écoles d'éloquence et son goût pour les lettres.

2. Nous avons dit qu'il n'avait rien de commun avec le poète Claudien.

daction de toutes les lettres qui devaient être écrites en grec.

Il excellait surtout dans ce que l'on appelle les déclamations et les dissertations; mais il ne réussissait pas aussi bien dans les exordes et dans la dialectique.

La mort l'atteignit dans la vieillesse, après son frère Maxime [5].

3. On se rappelle la triste fin de Maxime, égorgé par Festus.

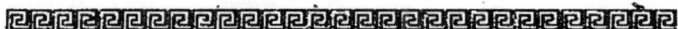

CHAPITRE XVIII

ZÉNON

LUSIEURS médecins fleurirent à cette époque. Parmi eux, il faut citer d'abord Zénon de Cypre[1], dont l'enseignement fut extraordinairement célèbre et qui vécut jusqu'au temps de Julien le sophiste, puis les successeurs de Zénon[2], contemporains de Prohérésius.

Zénon, lui, cultiva également l'art oratoire et la médecine[3].

---

1. Le fameux fondateur du *stoïcisme*, qu'il ne aut pas confondre avec Zénon d'Élée, disciple de Parménide, était également né dans l'île de Cypre.

2. C'est-à-dire Magnus, Oribase et Ionicus.

3. L'empereur Julien lui écrivait quelquefois. Dans une de ses lettres, ce prince lui appliqua ce vers d'Homère :

: *Un savant médecin vaut seul un millier d'hommes.*

Des disciples illustres qu'il laissa, les uns choisirent l'une des deux carrières, les autres les embrassèrent toutes deux.

Chacun d'eux se distingua, du reste, dans la route qu'il avait choisie.

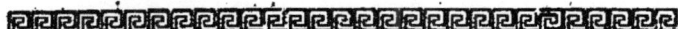

CHAPITRE XIX

MAGNUS

AGNUS naquit à Antioche, dans la ville de ce nom, qui est située au delà de l'Euphrate et qu'on appelle maintenant Nisibis[1].

Il fut le disciple de Zénon et joignit à ses dispositions naturelles pour la parole le secours des préceptes d'Aristote[2]. Il contraignit les médecins à renoncer à l'art oratoire, mais il ne paraît pas avoir été aussi habile à guérir qu'à parler.

Les anciens disent qu'Archidamus, à qui

1. Aujourd'hui Nézib.

2. Ce vaste génie, qui embrassa toutes les sciences, jouissait alors d'une nouvelle célébrité, qui s'étendit bientôt jusqu'aux Arabes.

l'on demandait si Périclès était le plus fort,
répondit :

« Quand j'ai terrassé Périclès, il prétend qu'il
» n'est point sous moi, et il parvient à faire
» croire qu'il est le vainqueur [3]. »

De même, Magnus soutenait que ceux qui
avaient été guéris par d'autres que lui étaient
encore malades. Et, quand les gens qui avaient
recouvré la santé et qui se portaient à merveille rendaient grâces à ceux qui les avaient
soignés, Magnus, à force de parler et d'interroger, fermait la bouche aux médecins.

On institua pour lui une école publique à
Alexandrie, et tout le monde faisait la traversée
et se pressait autour de lui, soit pour l'admirer
seulement, soit pour recueillir quelque fruit de
ses excellentes leçons.

Personne n'y perdit jamais sa peine; car les
uns, au sortir de là, pouvaient tirer parti de
leur parole, les autres étaient en mesure de
faire alors et de produire quelque chose par
leurs propres ressources.

3. On attribue ordinairement ces paroles à Thucydide l'ancien,
adversaire de Périclès et beau-frère de Cimon

CHAPITRE XX

ORIBASE

ERGAME[1] donna le jour à Oribase ; et cela contribua à sa gloire, comme il arrive pour ceux qui sont nés à Athènes et qui s'illustrent dans l'éloquence : l'opinion communément répandue veut, en effet, que la Muse soit attique et que l'éloquence soit un don du terroir.

Bien né du côté paternel et du côté maternel, il se fit remarquer dès l'enfance, et eut sa part de toutes les connaissances qui mènent à la vertu et qui la rendent achevée. En avançant dans la jeunesse, il devint l'auditeur du grand Zénon et le condisciple de Magnus. Mais il ne

1. Voir la note 10 de la vie de Jamblique.

tarda pas à abandonner ce dernier à la lutte
qu'il soutenait pour l'expression de ses pensées,
lutte où il était lui-même d'une force remarquable ; et, s'élevant au faîte de l'art médical,
il imita le dieu de ses pères [2], autant qu'il est
possible à un homme de s'approcher de la divinité par l'imitation.

Dès sa première jeunesse, il était en possession
d'une grande renommée ; aussi, Julien, devenu
César, s'empara-t-il de lui en quelque sorte,
pour lui faire exercer son art auprès de sa personne [3]. Oribase, d'ailleurs, était doué de tant
d'autres mérites qu'il avait même contribué à
élever Julien à l'Empire. Mais j'ai parlé de ces
faits avec plus de détails dans les *Annales* [4].

Cependant, comme dit le proverbe, il n'y a
pas d'alouette sans huppe ; et Oribase ne pouvait échapper à l'envie. Offusqués de l'éclat de
sa gloire, les successeurs de Julien le dépouil-
lèrent de ses biens ; ils songeaient même à lui

2. Esculape, dieu de la médecine.

3. On possède une longue lettre de ce prince à Oribase, qui
montre toute l'intimité qui existait entre eux.

4. Ouvrage historique d'Eunape, dont nous avons dit qu'il
restait encore des fragments.

ôter la vie : mais ils reculèrent devant ce crime,
et cherchèrent un moyen détourné de faire ce
qu'ils avaient honte d'accomplir ouvertement.
Ils l'exilèrent parmi les Barbares, comme les
Athéniens frappaient d'ostracisme ceux dont
la vertu se faisait remarquer par une trop haute
supériorité. Mais la loi de la République se
bornait à prononcer l'exil sans y rien ajouter,
tandis que les Empereurs, en bannissant Oribase, le livrèrent en outre aux plus cruels des
Barbares, qu'ils rendirent ainsi les exécuteurs
de leurs propres desseins.

Jeté sur une terre ennemie, Oribase y montra
toute la grandeur de la vertu que ne bornent
point les lieux, que ne circonscrit point telle
ou telle demeure, mais qui donne le spectacle
consolant de la constance et de la fermeté
basées sur sa propre énergie, en quelque
endroit qu'elle se produise, comme il arrive
pour les nombres et pour les vérités mathématiques.

Dès le début, Oribase jouit d'une grande
réputation auprès des chefs Barbares; il compta
bientôt parmi les personnages les plus considérables : et, de même qu'il eût été honoré

dans l'Empire romain, il le fut par les Barbares qui l'adorèrent, comme un dieu, parce qu'il sauvait les uns de maladies invétérées et qu'il rappelait les autres des portes de la mort.

Ainsi, ce qu'on avait appelé son malheur fut pour lui la source de toute félicité, au point que les Empereurs renoncèrent à lutter contre un homme dont la vertu éclatait partout, et lui permirent de rentrer dans sa patrie.

Oribase, autorisé à revenir d'exil, n'ayant pour tout bien que la possession de lui-même et montrant ses vertus pour toute richesse, épousa une femme des plus distinguées par la fortune et par la naissance ; il eut d'elle quatre enfants, qui vivent encore : que les Dieux les conservent ! Oribase lui-même, au moment où j'écris, est parmi les hommes : puisse-t-il aussi y demeurer longtemps !

Quant à son ancienne fortune, le Trésor public la lui rendit ; les Empereurs qui suivirent ayant rapporté, comme injuste, le décret de confiscation.

Tel est maintenant l'état des choses.

Il n'appartient vraiment qu'à un homme versé dans la philosophie de fréquenter Oribase, pour savoir ce qu'on doit le plus admirer en lui; tant il y a de charme dans ses relations et d'harmonie dans ses discours [5].

5. Eunape ne parle point de ses œuvres, qui, cependant, étaient considérables; car il avait réuni, sous le titre de *Collections médicales*, toutes les opinions des anciens sur les maladies et l'art de guérir. Ce précieux recueil formait 70 livres. Il ne nous en est resté que 22, qui ont été traduits en 6 volumes in-8° par MM. Bussemaker et Darèmberg. Paris, 1801.

CHAPITRE XXI

IONICUS

ONICUS était de Sardes [1]. Son père
exerça la médecine avec éclat. Il
suivit l'enseignement de Zénon,
parvint au premier rang dans son
art et fut admiré d'Oribase.

Il acquit une grande habitude des termes et
des principes de la médecine, se montra plus
habile encore dans l'application de chacun
d'eux et se distingua particulièrement dans la
science des membres du corps, et dans la recherche de tout ce qui caractérise la nature
humaine. Il était parfaitement au courant de

1. Capitale de l'ancien royaume de Crésus, en Lydie. Malgré
les guerres, les incendies et les tremblements de terre, cette ville
était restée très florissante.

la préparation et de l'analyse des ren.èdes, et
n'ignorait aucun des onguents ou des emplâtres
que les praticiens les plus versés dans leur art
appliquent sur les ulcères, soit pour arrêter la
suppuration, soit pour détourner l'inflamma-
tion. Il était extraordinairement inventif et
consommé dans l'art de faire la ligature d'un
membre souffrant, et d'opérer convenablement
les amputations. Il connaissait les noms et la
pratique de tout cela, au point que les hommes
les plus éminents s'extasiaient de l'exactitude
qu'il apportait à la thérapeutique, et déclaraient
ouvertement qu'en fréquentant Ionicus, ils
apprenaient par la mise en œuvre tout ce
qu'ont dit les anciens médecins, et pouvaient
ainsi en faire usage, comme il arrive pour les
mots qui demeurent inconnus, tant que l'écriture ne les a pas fixés.

Telle était la valeur d'Ionicus, au point de
vue de la science médicale.

Il était, de plus, d'une force remarquable
dans toutes les branches de la philosophie et
de la divination, tant de celle qui, confinant à
la médecine, sert de diagnostic pour les maladies des hommes, que de celle qui, passant

de la philosophie à la frénésie, fait cesser le mal en répandant son influence chez ceux qui peuvent la recevoir et la conserver. Il approfondit aussi l'étude de la rhétorique et de tout ce qui constitue l'art de la discussion, et ne fut pas non plus étranger à la poésie [1].

Il est mort peu de temps avant que ceci fût écrit, laissant deux fils, dignes de considération et de mémoire.

Vers la même époque, Théon [2] acquit aussi en Gaule une grande renommée.

Mais revenons maintenant aux philosophes, dont nos digressions nous ont éloigné.

[1] L'antiquité ne nous a rien laissé de lui.

[2] Mathématicien d'Alexandrie, dont on possède encore les *Commentaires sur Euclide et sur Ptolémée.* Il fut le père de la célèbre Hypathie, qui professa après lui les mathématiques et la philosophie, et succomba sous les coups d'une populace furieuse, qu'on ameuta contre elle, en l'accusant d'encourager la persécution des chrétiens.

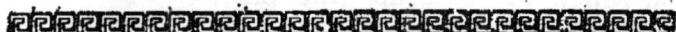

CHAPITRE XXII

CHRYSANTHE

'EST sur le conseil de Chrysanthe que ce travail a été entrepris. L'auteur, en effet, depuis son enfance, a été son élève, et Chrysanthe a observé jusqu'à la fin, comme une loi, la bienveillance qu'il lui avait vouée. Cela, néanmoins, ne me fera rien dire par complaisance; car le Maître estimait par-dessus tout la vérité, et c'est la première chose qu'il m'a enseigné à respecter. Je ne corromprai donc pas le présent qu'il m'a fait, modérant seulement mon enthousiasme en parlant de lui, et maintenant mes éloges au-dessous de ses mérites, ainsi que nous en sommes convenus.

Chrysanthe appartenait à l'ordre des séna-

teurs; et sa naissance lui assurait une place
parmi les personnages les plus considérables.
Il avait pour aïeul Innocent, homme qui avait
acquis de grandes richesses en même temps
qu'une réputation supérieure à celle d'un
simple particulier, et à qui les Empereurs
d'alors avaient confié la mission de rédiger les
lois. Il reste de lui plusieurs livres[1], dont les
uns sont écrits dans la langue des Romains et
les autres en grec, et qui témoignent de son
esprit de recherche et de la profondeur de ses
connaissances : ces ouvrages renferment tout
ce qui est nécessaire à ceux qui ont le goût de
pareils sujets.

Pour Chrysante lui-même, il perdit son père
de bonne heure. Pris d'une véritable passion
pour la philosophie, grâce à la nature divine
de son caractère, il se rendit aussitôt à Pergame auprès du grand Edésius. Là, altéré de
savoir, il rencontra le Maître au moment le
plus brillant de son enseignement; il se présenta devant lui la bouche béante et se gorgeant, pour ainsi dire, d'une science qui n'avait

1. Ses œuvres sont perdues aujourd'hui.

rien de vulgaire, ne se dérobant à aucune leçon
et ne se montrant inférieur à personne en assi-
duité.

Il avait d'ailleurs un corps infatigable, une
santé de fer, et l'habitude de tous les genres
d'exercice. Il se pénétra d'abord suffisamment
de la doctrine de Platon et de celle d'Aristote,
appliqua son esprit à toutes les formes de la
philosophie, les analysa et les résuma entièrement. Puis, l'éloquence n'eut bientôt plus de
secrets pour lui ; il acquit dans cet art de la
force et de la vigueur; un usage continuel,
forma et prépara son jugement; il devint, enfin,
assez sûr de lui pour se risquer à se produire
avec quelque chance de succès, pouvant également parler ou se taire, et capable de remporter
un triomphe, pour peu qu'on l'y poussât, grâce
à la pompe de son langage.

Ce fut alors qu'il se tourna vers la connaissance des Dieux et la doctrine dont le système
est dû à Pythagore et à ses disciples, tels que
l'antique Archytas [2], Apollonius de Tyane et

2 Archytas de Tarente célébré par Horace dans l'ode 28 du
Livre Iᵉʳ. Mathématicien, astronome, général, homme d'État, il
fut élu à six reprises chef de la République par ses concitoyens.

ses adorateurs, personnages vraiment divins,
bien qu'ils n'ignorassent pas qu'ils avaient un
corps et qu'ils étaient des hommes.

Chrysanthe, ayant donc suivi cette route
sans laisser la moindre occasion de s'instruire,
prit les principes mêmes pour guides et parvint,
grâce à la perfection de son âme, comme dit
Platon, à un tel degré d'élévation et de subli-
mité, qu'il atteignit le faîte de toute espèce de
science et réussit dans la prévision de toutes
choses. Aussi, a-t-on soutenu qu'il était plus
habile à prévoir l'avenir qu'à le prédire; tant
il savait discerner et embrasser tout, comme
s'il eût toujours été en présence des Dieux et
en rapports constants avec eux.

Après avoir employé à ces études un temps
assez long et avoir beaucoup travaillé avec
Maxime, il rompit l'association. Maxime avait
en effet, dans le caractère, quelque chose d'envieux et d'opiniâtre qui le portait à lutter contre
les présages envoyés par les Dieux : il voulait
toujours en demander et, pour ainsi dire, en

Il ne reste de ces nombreux ouvrages que de courts fragments.
On lui attribue l'invention de la vis, de la poulie et d'une
colombe volante.

extorquer d'autres. Tout au contraire, Chrysanthe, dès les premiers signes qui lui appa-
raissaient, cherchait insensiblement et comme
par un mouvement indirect à ébranler, en
quelque sorte, ce qui s'était produit : s'il y
réussissait, il constatait sa victoire; s'il échouait,
il se résignait à mettre la sagesse humaine en
harmonie avec le phénomène divin.

Ainsi, lorsque l'empereur Julien les appela
tous les deux par une seule et même lettre et
que les soldats, qui avaient été envoyés pour
leur faire honneur, joignirent à cette démonstration la persuasion toute thessalienne de la
nécessité, il parut opportun de consulter les
Dieux à ce sujet. Or, la Divinité, — autant
qu'un simple mortel et un vulgaire artisan
pouvait juger des présages, — ayant positive-
ment déconseillé le voyage, Maxime s'entêta à
poursuivre les sacrifices; et, même après leur
accomplissement, il ne cessa de pleurer et de
gémir, suppliant les Dieux de lui donner d'autres
signes et de changer le destin. En vain Chrysanthe combattit, à l'aide d'arguments multi-
pliés, son obstination et son erreur; il finit par
substituer sa volonté aux manifestations di-

vines, et il y vit ce qu'il souhaitait, au lieu de former son opinion d'après ces phénomènes. Il choisit alors cette voie et entreprit un voyage qui devait être le commencement de tous ses malheurs, tandis que Chrysanthe resta chez lui.

Cette hésitation affligea d'abord l'Empereur, et il en soupçonna bien un peu la véritable cause. Il pensa, en effet, que Chrysanthe n'eût pas refusé de répondre à son appel, s'il n'eût prévu quelque difficulté dans l'avenir. Il lui écrivit donc pour l'appeler de nouveau, et ses exhortations ne s'adressèrent point à lui seul : il engagea par lettre la femme de Chrysanthe à s'efforcer de persuader son mari. Celui-ci eut derechef recours aux Dieux, et les Dieux ne cessèrent pas de lui faire la même réponse. Cette situation se prolongeant, l'Empereur *partit pour l'Asie*[1]....

Chrysanthe ayant reçu le grand pontificat de toute la région[1], et se rendant parfaitement compte de ce qui devait arriver, ne fit point peser lourdement sur les populations le joug de son autorité ; il ne releva point les temples ;

1. Il y a là une lacune dans le texte.

comme tous ses pareils le faisaient, avec une
ardeur et un enthousiasme exagérés, et n'in-
quiéta nullement les Chrétiens. Telle était
même la simplicité de son caractère, qu'en
Lydie peu s'en fallut qu'on ignorât le rétablis-
sement des sacrifices. Il en résulta que, les
choses ayant tourné autrement qu'elles n'a-
vaient commencé, rien ne parut avoir été
innové et que l'on ne s'aperçut d'aucun changement considérable et profond. Au contraire,
tout reprit son niveau et rentra dans le calme ;
et Chrysante seul était un objet d'admiration,
alors que tous s'agitaient comme dans un tour-
billon, les uns se laissant abattre inopinément,
les autres se relevant de leur premier abaisse-
ment. On admirait Chrysanthe, non-seulement
pour son habileté à prévoir l'avenir, mais
aussi pour son adresse à se servir de ce qu'il
connaissait.

Toute sa manière d'être était telle qu'on
pouvait croire que le Socrate de Platon renaissait en lui, ou qu'un sentiment d'émulation
et d'imitation l'avait fait, dès l'enfance, se
conformer à un si beau modèle. Ses discours
respiraient, en effet, la simplicité, la sincérité,

je ne sais quoi d'inénarrable; et l'auditeur était
séduit par le charme de ses paroles. Il avait
pour tous un abord bienveillant; et chacun,
en le quittant, s'en allait persuadé qu'il agissait
ainsi par le seul désir de plaire.

Les vers les plus beaux et les plus doux s'in-
sinuent agréablement et paisiblement dans
toutes les oreilles, et exercent leur influence
sur les êtres même dépourvus de raison, comme
on le raconte à propos d'Orphée[1]; ainsi, l'éloquence de Chrysanthe charmait tout le monde
par son harmonie, et savait s'adapter et se
plier à toutes les variétés de caractères.

Il se laissait entraîner difficilement dans les
discussions et dans les querelles, parce qu'il
l'avait compris à quel point les hommes s'ai-
grissent dans de telles occurrences. On ne
l'aurait pas aisément entendu faire montre de
son savoir, ni en prendre prétexte pour se
gonfler d'orgueil et se prévaloir devant les
autres. Au contraire, il approuvait ce qu'ils
disaient, eussent-ils parlé à tort et à travers;

1. Il existe encore sous son nom des *Hymnes* et des *Poèmes*
mais ces œuvres passent pour apocryphes.

il louait même les opinions erronées, comme
s'il n'en eût pas écouté le moindre mot, et
semblait disposé à être de l'avis de tout le
monde, pour ne chagriner personne. Si, cependant, quelque débat venait à être soulevé
par un des princes de la science, il se décidait
à se mêler quelque peu à la discussion ; alors,
tout était plein de silence, comme si l'on eût
été dans un désert : personne ne se sentait capable d'affronter ses questions, ses définitions,
ses citations. Chacun reculait et se gardait de
le contredire, pour ne point être convaincu
publiquement d'erreur. Ceux qui le connaissaient imparfaitement et qui n'avaient pas
pénétré les profondeurs de son âme, l'accu-
saient de manquer de logique et se bornaient
à louer sa douceur. Mais, lorsqu'ils l'enten-
daient discuter et s'entourer de raisons et
d'arguments, ils le trouvaient un tout autre
homme que celui qu'ils s'étaient figuré ; tant
il devenait différent de lui-même dans la chaleur du débat, les cheveux hérissés, et ses yeux
interprétant les soulèvements intérieurs de son
âme passionnée par la doctrine.

Il parvint à une vieillesse avancée et ne

s'occupa toute sa vie, parmi les choses qui in-
téressent les hommes, que d'économie domes-
tique, d'agriculture, et de ce que l'on peut
acquérir de bien sans injustice. Il supportait
la pauvreté plus facilement que d'autres ne
supportent la richesse. Sa nourriture était la
première venue. Il ne mangeait jamais de
viande de porc, et fort peu des autres viandes.
Il honorait la Divinité d'un culte assidu, ne
quittait pas la lecture des anciens, et ne faisait
aucune différence entre la jeunesse et la vieillesse; car, après avoir dépassé les quatre-vingts
ans, il écrivit de sa main autant de livres que
d'autres, dans leur jeune âge, parviennent à
peine à en lire[5]. Aussi, l'extrémité de ses doigts
était-elle recourbée par le travail et l'usage
incessant qu'il en faisait pour écrire. Quand le
moment d'interrompre l'étude était venu, il se
levait et allait se récréer dans les endroits publics, prenant avec lui l'auteur de ce récit, et
faisant lentement de longues promenades. Auprès de lui, on ne s'apercevait point de la

5. Aucun des ouvrages de Chrysanthe n'est arrivé jusqu'à
nous.

fatigue du chemin, tant on était charmé par
sa conversation. Il faisait le moins possible
usage des bains; et, cependant, il avait toujours
l'air de s'être récemment baigné. Lorsqu'il se
trouvait au milieu des grands, la franchise sans
bornes avec laquelle il se comportait, à leur
égard, ne doit pas être mise sur le compte de
la forfanterie ni de l'orgueil : il faut y voir seulement la simplicité d'un homme qui ignorait
ce qu'est la puissance; tant il parlait avec la
civilité ordinaire dont on use envers tout le
monde.

Il m'avait élevé, dès ma première jeunesse;
lorsqu'il vint à Athènes, il ne me témoigna pas
moins d'amitié : sa bienveillance, au contraire,
s'accrut pour moi de jour en jour; et ce fut
bientôt à un tel point, qu'après avoir consacré
les heures matinales à des exercices oratoires
avec les autres et avoir donné des leçons à ceux
qui en avaient besoin, je me hâtais à midi de
retourner auprès de mon premier maître, pour
m'instruire encore dans les choses divines et la
philosophie. Ce n'était pas une fatigue, pour
lui, de se retrouver avec le disciple dont il se
savait chéri; et, pour moi, qui recevais son

enseignement, c'était véritablement une fête.

Cependant, la propagande des Chrétiens triomphait et envahissait tout.

Après un assez long temps, il vint de Rome en Asie un préfet nommé Justus, déjà d'un certain âge, excellent homme d'ailleurs, qui n'avait point renié les croyances d'autrefois et celles de ses pères, mais qui, plein de zèle pour cette bienheureuse et salutaire façon de vivre, était demeuré attaché aux sacrifices, ne jurait que par la divination, et était tout fier d'aimer ces pratiques et de les avoir maintenues. Etant venu de Constantinople en Asie, et ayant pris pour chef du peuple un certain Hilaire tout disposé à entrer dans ses vues, il releva à la hâte les autels à Sardes° où il n'y en avait plus, et fit travailler aux ruines des temples, là où il put en trouver, afin de les restaurer. Il célébra ensuite des sacrifices publics, et convoqua de toutes parts ceux qui s'étaient acquis une réputation dans l'enseignement de la doctrine. Ceux-ci arrivèrent encore plus vite qu'on ne les avait appelés, pleins d'admiration pour

---

e. Surnommée la *Seconde Rome*.

Justus et persuadés que le moment était venu,
pour eux, de faire leurs preuves. Un certain
nombre d'entre eux, qui n'avaient pas moins
de confiance dans la flatterie que dans leur
savoir, espéraient en même temps retirer de
leurs adulations, soit des honneurs, soit de la
gloire, soit de l'argent.

On avait donc annoncé un sacrifice public;
tous étaient présents, et j'y étais aussi. Justus,
après s'être recueilli, fixant ses regards sur la
victime et considérant la situation où elle se
trouvait, demanda aux assistants :

« Que signifie la manière dont la victime
est tombée? »

Les flatteurs ne pouvaient contenir leur enthousiasme, en voyant qu'il tirait des présages
de la position même de la victime, et n'accor-
daient qu'à lui la palme de ce genre de divination. Les hommes graves se caressaient la
barbe du bout des doigts, se composaient un
visage sévère, secouaient lentement et lourdement la tête, regardant la victime et disant,
les uns une chose, les autres une autre.

Justus, qui avait peine à s'empêcher de rire,
se tournant vers Chrysanthe, s'écria :

« Et toi, que dis-tu, vieillard? »

Chrysanthe, sans se troubler, répondit qu'il condamnait les opinions de tous.

« Si tu veux, ajouta-t-il, que, moi aussi,
» j'exprime un avis sur ce sujet, dis-moi d'a-
» bord si vraiment tu possèdes le don de la
» divination; de quelle nature est celle-ci,
» quelle en est la forme, en quoi consiste l'in-
» terrogation et quelle méthode on doit y ap-
» pliquer. Si tu me donnes ces renseignements,
» je te dirai à quel point de l'avenir se rapporte
» le phénomène actuel. Si, au préalable, tu ne
» m'éclaires pas là-dessus, il ne saurait me
» convenir, lorsque les Dieux nous donnent
» des signes qui présagent l'avenir, de répondre
» à ta question, en rattachant à ce qui a été
» ce qui doit être. Il y aurait, en effet, de la
» sorte, deux questions; et, qu'il s'agisse de
» deux ou de plusieurs, personne ne peut
» y répondre en même temps : car la contro-
» verse sur des sujets définis exige plus d'un
» argument. »

Alors, Justus s'écria qu'il venait d'apprendre là ce dont il ne s'était jamais douté auparavant; et, de ce moment, il ne cessa de consulter

Chrysanthe en particulier et de puiser à cette véritable source de science.

A la même époque, quelques autres personnages, renommés pour leur sagesse, vinrent converser avec notre philosophe dont la gloire les attirait; mais ils ne tardèrent pas à acquérir la conviction qu'ils étaient bien loin d'une habileté comme la sienne, et ils s'éloignèrent. C'est ce qui arriva à Hellespontius de Gaule, homme qui excellait en toutes choses, et qui eût été le premier de tous, si Chrysanthe n'avait point existé.

Hellespontius était tellement épris de la science, qu'il explora, ou peu s'en fallut, les régions inhabitées, dans l'espoir d'y rencontrer quelqu'un de plus savant que lui. Comblé de la gloire que lui valaient ses belles actions et son éloquente parole, il se rendit dans l'antique ville de Sardes, pour y conférer avec Chrysanthe. Mais ce fait est postérieur.

Auparavant, il était né à Chrysante un fils qu'il avait nommé Edésius, en mémoire de celui qui avait été son maître à Pergame et dont nous avons parlé.

Ce fils, dès l'enfance, fut porté comme par

des ailes vers toute espèce de vertu : il n'eut
pas seulement, comme dit Platon, l'un des
deux chevaux, et le poids de son esprit ne l'attirait point vers les choses basses ; mais il était
entraîné du côté de l'étude et s'y appliquait
avec une ardeur excessive. Assidu au culte des
Dieux, il s'éloignait tellement de l'humanité
que, tout mortel qu'il fût, il risquait de n'être
plus qu'une âme. Aussi, son corps avait-il des
mouvements d'une incroyable agilité; et, comme
un vrai poëte, il s'élevait à des hauteurs su-
blimes. En effet, la familiarité des Dieux lui
coûtait si peu de travail et de difficulté, qu'il
lui suffisait de placer une couronne sur sa tête
et de contempler le Soleil, pour rendre des
oracles, et des oracles véritables, écrits dans
la plus belle forme de l'inspiration divine.
Cependant, il ne savait pas faire des vers
et n'était guère fort dans la science de la
grammaire : c'était la divinité qui faisait tout
en lui.

Mais ce jeune homme, sans avoir jamais été
malade dans le cours limité de sa vie, mourut
vers les vingt ans.

Son père montra alors qu'il était vraiment

philosophe. Soit que la grandeur de cette perte l'eût plongé dans une sorte d'apathie, soit qu'il se réjouît pour son fils de ce changement de condition, il resta impassible. La mère, à l'exemple de son mari, triompha de la nature féminine ; elle se renferma dans une douleur pleine de dignité, et s'abstint de toute espèce de gémissements.

Après que les choses eurent ainsi tourné, Chrysanthe revint à ses études habituelles ; et, tandis qu'au milieu de nombreuses et terribles catastrophes publiques, toutes les âmes étaient agitées par la terreur, lui seul demeura calme et inébranlable : on eût cru qu'il n'appartenait point à la terre.

Ce fut à cette époque qu'Hellespontius se rendit auprès de lui. Tous deux tardèrent, d'abord, à entrer en conférence. Mais, une fois qu'ils eurent commencé, Hellespontius fut tellement séduit, qu'abandonnant toutes choses, il se déclara prêt à planter sa tente à côté de Chrysanthe et à redevenir jeune, en se faisant son écolier. Il se sentait honteux, pour ainsi dire, d'avoir passé tant de temps dans l'erreur, et d'être parvenu à la vieillesse, avant d'avoir

appris quelque chose d'utile. C'est à quoi,
désormais, il appliqua tout son esprit.

Quelque temps après, Chrysanthe ayant dû,
selon sa coutume, se faire saigner, j'étais présent lorsqu'il en donna l'ordre et que les médecins se mirent en devoir de l'exécuter. Attentif
à ce qui allait se passer, je dis qu'il était insensé
de tirer à Chrysanthe une si grande quantité
de sang, et je fis arrêter immédiatement la
saignée; car je n'étais pas inexpérimenté dans
la science médicale. Hellespontius, dès la première nouvelle, accourut indigné et gémissant,
comme d'un affreux malheur, du danger qu'il
y avait à faire au bras d'un homme aussi âgé
une saignée d'une telle abondance. Mais, lorsqu'il eut entendu la voix de Chrysanthe et
qu'il l'aperçut sain et sauf, se tournant vers
moi, il me dit :

« La ville entière t'accusait déjà d'avoir joué
» gros jeu; mais, maintenant, tous se tairont,
» en voyant le vieillard en bonne santé. »

Je répondis que je n'ignorais pas de quelle
importance avait été la chose.

Hellespontius, plus tranquille, rassembla ses
livres, comme s'il devait aller étudier avec

Chrysanthe, mais il sortit de la ville. Il commença aussitôt à souffrir d'un mal d'entrailles;
et étant entré dans Apámée *, ville de Bithynie,
il y mourut en conjurant Procope, son compa-
gnon, qui l'assistait à ses derniers moments,
de n'avoir d'admiration que pour Chrysanthe.
Procope, une fois rendu à Sardes *, fit ce
qu'Hellespontius lui avait ordonné, et rapporta
ses paroles à Chrysanthe.

Celui-ci, dans la saison suivante de l'année,
au commencement de l'été, eut recours au
même traitement; et, bien que j'eusse recom-
mandé aux médecins de m'attendre comme
d'habitude, ils devancèrent mon arrivée; Chrysanthe leur tendit le bras: ils pratiquèrent alors
une saignée; mais elle fut trop forte; elle
amena bientôt un affaiblissement des membres
et des douleurs dans les articulations, et contraignit le malade de se mettre au lit.

A ce moment, arriva Oribase.

Grâce à lui et à sa science extraordinaire,
peu s'en fallut que la Nature ne fût forcée de

<hr/>

1. Ville fondée par des Colophoniens et rebâtie par le roi
Prusias, qui l'appela *Apaméa*, du nom de son épouse.

2. En Lydie.

céder, et que les frictions chaudes et émollientes ne fissent revenir la flamme de la jeunesse dans ce corps glacé. Mais la vieillesse triompha : car Chrysanthe se trouvait dans sa quatre-vingtième année; et cette vieillesse fut, en quelque sorte, doublée par l'excès même d'une chaleur factice.

Après quatre jours de maladie, la vie de Chrysanthe eut la fin dont elle était digne.

14

CHAPITRE XXIII

ÉPIGONUS & BÉRONICIANUS

Les successeurs de Chrysanthe, dans l'enseignement de la philosophie, furent Epigonus de Lacédémone et Béronicianus de Sardes *, hommes vraiment dignes du nom de philosophes.

Béronicianus, lui, sacrifia davantage aux Grâces, et il a tout ce qu'il faut pour faire l'ornement des assemblées.

Puisse-t-il en être ainsi !

* Eunape était de Sardes.

TABLE

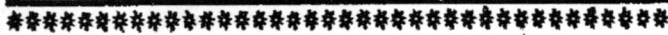

TABLE DES MATIÈRES

Pag.

Paris. — CHARLES SCHILLER, impri
10, rue du Faubourg-Montr

www.ingramcontent.com/pod-product-compliance
Lightning Source LLC
Chambersburg PA
CBHW060027100426
42740CB00010B/1627